NATIONAL MUSEUM
DEVELOPMENT REPORT
2022—2023

中国博物馆 事业发展报告

(2022—2023)

国家文物局　编著

科学出版社
北京

图书在版编目（CIP）数据

中国博物馆事业发展报告. 2022-2023 / 国家文物局
编著. -- 北京：科学出版社，2024.12
　　ISBN 978-7-03-077193-3

　　Ⅰ.①中… Ⅱ.①国… Ⅲ.①博物馆事业－研究报告
－中国－2022-2023 Ⅳ.①G269.2

中国国家版本馆CIP数据核字(2023)第229229号

责任编辑：张亚娜　周　赒
责任校对：张亚丹
责任印制：霍　兵
书籍设计：北京美光设计制版有限公司

中国博物馆事业发展报告（2022—2023）

国家文物局　编著

斜 学 出 版 社 出版
北京东黄城根北街16号
邮政编码：100717
http://www.sciencep.com
北京汇瑞嘉合文化发展有限公司 印刷
科学出版社发行　各地新华书店经销

　　　　　　　　　*

2024 年 12 月第　一　版　开本：889×1194　1/16
2025 年 3 月第二次印刷　印张：6 3/4
字数：195 000
定价：98.00 元
（如有印装质量问题，我社负责调换）

编 委 会

说 明

1. 本报告数据来源于 2022 及 2023 年度全国博物馆年度报告信息系统中各博物馆填报数据，因各馆填报时对填报口径理解和把握不一，个别数据可能存在误差。

2. 本报告统计范围为全国 31 个省（自治区、直辖市）及新疆生产建设兵团，不包含香港特别行政区、澳门特别行政区及台湾省。

3. 本报告中计算每省平均值时，基数为 31 个省、自治区、直辖市以及新疆生产建设兵团之和。

4. 本报告中的数据按照四舍五入原则，保留两位小数（其中馆均人数保留到个位），因此可能存在总计与分项之和不完全相等的情况。

5. 本报告中的 2023 年度占比，若无特别注明，均为 2023 年度对应指标占全国博物馆总数的比例。

6. 特别鸣谢复旦大学魏峻教授团队在本报告编制过程中做出的贡献。

目 录

综　述

2022—2023 年是实施"十四五"文物事业发展规划的关键时期，全面贯彻落实党的二十大精神的起步阶段。党的二十大胜利召开，对新时代文化遗产保护事业发展作出了系统谋划和战略部署，为博物馆工作擘画了蓝图、指明了方向。党中央高度重视博物馆发展，召开全国宣传思想文化工作会议，首次提出习近平文化思想，习近平总书记考察了平遥县票号博物馆、眉山三苏祠博物馆、新疆维吾尔自治区博物馆、新疆兵团军垦博物馆、中国人民革命军事博物馆、辽沈战役纪念馆、延安革命纪念馆、殷墟博物馆、红旗渠纪念馆、运城博物馆、中国国家版本馆、中国考古博物馆、四川广汉三星堆博物馆、汉中市博物馆等 10 余座博物馆，并对文物博物馆工作作出系列重要论述和指示批示，博物馆事业发展迎来前所未有的良好发展机遇。

2022—2023 年，全国文博系统坚持以习近平新时代中国特色社会主义思想为指引，全面贯彻党的二十大精神，认真落实习近平文化思想及习近平总书记关于博物馆工作系列重要论述和重要指示批示精神，深刻领悟"两个确立"的决定性意义，增强"四个意识"、坚定"四个自信"、做到"两个维护"，锚定博物馆高质量发展目标，不断加大改革力度，优化体系布局，提升服务效能，推动文化传播，积极融入地方经济社会发展，博物馆事业发展取得显著成效，已经成为人民美好生活的重要组成部分。

全国文博系统积极落实国家战略，围绕服务京津冀协同发展、长江经济带高质量发展、长三角一体化发展、黄河生态保护与高质量发展、新时代西部大开发、东北全面振兴、"一带一路"、粤港澳大湾区建设等开展行动，保障和服务党和国家中心工作。积极发挥粤港澳大湾区博物馆联盟、西南博物馆联盟、长江流域博物馆联盟等平台作用，整合资源、加强合作，支持区域协调发展。配合北京冬奥会、庆祝香港回归 25 周年以及迎接党的二十大召开等重大活动，举办了一批丰富多样、具有影响力的主题展览。国家文物局积极推进中国特色世界一流博物馆培育，联合中央宣传部、财政部等进一步扩大博物馆免费开放中央补助资金支持范围，在吉林、浙江、山东开展乡村博物馆试点，指导深圳等地进行博物馆"三权分置"改革，推进北京、西安等博物馆之城建设，指导河北、山东、四川等省份进行中小博物馆提升试点，以工业类博物馆为抓手探索行业博物馆联合认证、共建共管机制，创新博物馆管理体制机制，博物馆改革取得显著成效。

2022—2023 年，全国博物馆数量由 6565 家增长至 6833 家（不含港澳台地区），提前实现了《"十四五"文物保护和科技创新规划》提出的 2025 年末达到 6500 家博物馆的发展目标。中国国家版本馆、中国古动物馆、上海博物馆东馆、殷墟博物馆新馆、三星堆博物馆新馆、浙江省博物馆之江新馆、陕西历史博物馆秦汉馆、北京大运河博物馆（首都博物馆东馆）、世界技能博物馆、甘肃简牍博物馆等一批重点博物馆建成开放，延安博物馆、青州博物馆新馆等市县级博物馆也纷纷建成或完成改扩建，全国县级博物馆覆盖率达 80% 以上，北京、天津、重庆、广东、甘肃、宁夏等 6 个省份实现区县博物馆全覆盖。全国博物馆覆盖率从 2022 年的21.47 万人拥有 1 家博物馆提升到 2023 年的 20.63 万人拥有 1 家博物馆。全国博物馆建筑总面积 2023 年达到 4272.97 万平方米，增加 573.32 万平方米，增幅 15.5%。全国博物馆从业人员从 2022 年底的 14.91 万人增长到 2023 年底的 16.69 万人，专业人员达 5.41 万人，占比三分之一。博物馆志愿者总数持续增加，2023 年达到 31.4 万人，广东、山东、江苏等 14 个省市的志愿者人数超过 1 万人。

全国博物馆不断强化文化供给，在展览展示、教育活动、文创开发等方面取得显著成效。2023 年，全国博物馆藏品总数为 6333 万件（套），举办陈列展览 4.24 万个、线下教育活动38.22 万场，全国博物馆接待观众量由 2022 年的 5.78 亿人次增长至 2023 年的 12.92 亿人次，增长了 7.14 亿人次，增幅达 123.52%，全面恢复到 2019 年水平。持续开展"弘扬中华优秀传统文化、培育社会主义核心价值观"主题展览、全国博物馆十大陈列展览精品推介活动，推出"何以中国""新时代考古成果展""二十世纪初中国古文献四大发现展"等一大批主题鲜明、内容丰富、形式多样的优秀原创展览，丰富了文化供给、扩大了中华文明影响力。国家文物局联合中央文明办、共青团中央、中央社会工作部等举办博物馆志愿服务典型案例推介、"中华文物我来讲"等活动，通过部门协同增强了博物馆影响力和可持续发展能力。全国博物馆年推出文化创意产品 6 万余种，文创销售收入超 20 亿元，在促进文化消费的同时，也通过体制机制创新，增强博物馆自身造血能力。策划"博物馆里过大年"品牌系列活动，北京、上海等20 余个省份的上千家博物馆推出系列精品展览和活动，让博物馆里过大年成为新年俗、新风尚。此外，一些博物馆突破传统展览模式，运用现代科技手段和数字技术提高展览的互动性与吸引力，为观众观展提供了多样化的选择。

截至 2023 年底，全国共有 6248 家博物馆免费向公众开放，占总数的 91.4%。部分依托文物建筑及遗址建设的博物馆也采取各种优惠措施，最大限度地为公众提供普惠、均等的文化服务。随着越来越多的观众走进博物馆，"博物馆热"持续升温，部分博物馆热门时段供需矛盾加剧。各地博物馆不断优化接待设施和服务，推出延长开放时间、开发夜游项目、增设观众互动等措施，开展老年人、残疾人、外籍人员参观博物馆便利化调研，为更多群体走进博物馆提供便利，不断提升博物馆开放服务水平，满足公众不断增长的精神文化需要。国家文物局不断完善各省博物馆信息的定期统计报送机制，开展国家一级博物馆观众数据动态监测，指导各地加强博物馆暑期等节假日开放服务，会同公安部、网信办打击抢占、倒卖博物馆门票的"黄牛"行为，保障公众基本文化权益。同时，越来越多的博物馆加强资源开放和信息公开，通过发布博物馆年报、信息公开等方式向公众公开年度运行情况，博物馆现代化建设和治理能力不断提高。

博物馆的社会关注度和品牌建设取得实效。2022 年全国博物馆网站综合浏览量和新媒体访问量分别为 9.48 亿人次、175.92 亿人次，2023 年增长到 19.98 亿人次和 248.52 亿人次，分别增长了 110.68%、41.27%，博物馆传播效能不断拓展。2022 年，以"博物馆的力量"为主题的国际博物馆日中国主会场活动在武汉举办，采取线上全程直播方式，全网点击量超 15.1 亿次。在郑州举办的第九届博物馆及相关技术和产品博览会，共有 645 家博物馆及企业参展，吸引线下观众超 10 万人次。2023 年国际博物馆中国主会场活动在福州举办，活动围绕"博物馆、可持续性与美好生活"主题举办了主论坛、第四届青年论坛、首届策展人论坛、博物馆之夜等系列活动，指导全国博物馆开展活动数千场，全网点击量达 20 亿人次，博物馆事业得到社会广泛关注，有力促进了中华文化广泛传播。2023 年度举办的中国博物馆学大会、粤港澳大湾区博物馆发展大会等全国性重要学术会议，吸引大量专家学者和社会各界为博物馆高质量发展建言献策，对推动新时代博物馆高质量发展具有积极意义。

中外文化交流日益频繁，中国代表团参加国际博物馆协会大会，我国推荐的候选人当选国际博协执委、国际博协亚太联盟主席等职务。同时，我国博物馆在藏品保护、展陈策划、人才培训等方面与国际组织开展密切合作，与国际博物馆界交流更加密切。2022—2023 年间，全国博物馆共开展国际合作项目 800 余项，推出文物进出境展览 580 馆次，其中入境展览 271 馆次，出境展览 309 馆次，涵盖全球 30 多个国家和地区，中华文化走出去和中外文化交流互鉴的成效显著，为展示中华民族现代文明、增强中华文明传播力影响力作出了积极贡献。

第一章
机构建设

第一节　总体情况

2022、2023年全国备案博物馆总数分别为6565家、6833家，增加了268家，增长4.08%。全国25个省份及新疆生产建设兵团实现博物馆机构数量增长，增加最多的是河北和山东，分别增加70家、63家。截至2023年底，山东、浙江、四川、河南、广东、江苏、陕西7省份博物馆数量超过300家，博物馆覆盖率从2022年21.47万人拥有1家博物馆提升至2023年20.63万人拥有1家博物馆，越来越多的公众可以更加便利地分享到博物馆的资源和服务。

表1-1-1　2022—2023年度全国博物馆数量分省（地区）情况

（单位：家）

省份	2022年	2023年
全国	6565	6833
北京市	180	194
天津市	74	78
河北省	205	275
山西省	218	225
内蒙古自治区	173	165
辽宁省	121	127
吉林省	107	110
黑龙江省	214	215
上海市	133	139
江苏省	349	354
浙江省	435	443
安徽省	234	248
福建省	143	144
江西省	194	192
山东省	711	774
河南省	395	402
湖北省	236	238
湖南省	181	189
广东省	377	385
广西壮族自治区	138	148
海南省	42	47
重庆市	130	134
四川省	406	417
贵州省	148	154
云南省	183	177

续表

省份	2022年	2023年
西藏自治区	13	13
陕西省	337	337
甘肃省	236	248
青海省	41	43
宁夏回族自治区	68	65
新疆维吾尔自治区	126	136
新疆生产建设兵团	17	17

注：内蒙古、江西、云南、宁夏4个省份因博物馆机构合并等原因，博物馆数量出现小幅下降。

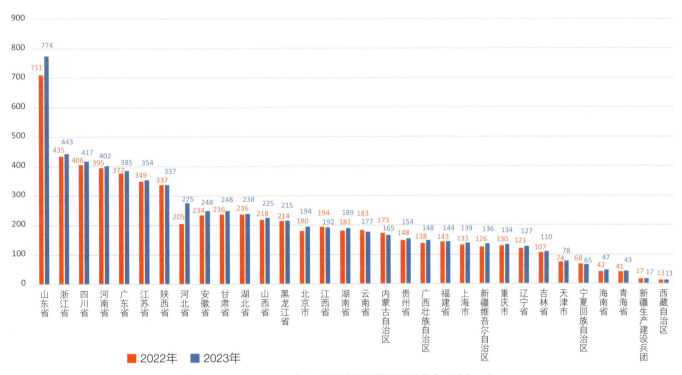

图1-1-1 2022—2023年度全国博物馆数量省份分布（单位：家）

表1-1-2 2022—2023年博物馆覆盖率情况

（单位：万人/家）

省份	2022年	2023年
全国	21.47	20.63
北京市	12.16	11.27
天津市	18.74	17.49
河北省	36.40	26.88

续表

省份	2022年	2023年
山西省	16.02	15.40
内蒙古自治区	13.90	14.52
辽宁省	35.20	32.93
吉林省	22.50	21.27
黑龙江省	14.88	14.24
上海市	18.70	17.90
江苏省	24.28	24.08
浙江省	14.84	14.96
安徽省	26.08	24.68
福建省	18.08	29.05
江西省	23.29	23.52
山东省	14.28	13.08
河南省	25.16	24.42
湖北省	24.47	24.53
湖南省	36.71	34.75
广东省	33.43	33.00
广西壮族自治区	36.32	33.97
海南省	24.00	22.20
重庆市	24.66	23.82
四川省	20.61	20.07
贵州省	26.06	25.10
云南省	25.80	26.40
西藏自治区	28.06	28.08
陕西省	11.73	11.73
甘肃省	10.60	9.94
青海省	14.45	13.81
宁夏回族自治区	10.59	11.22
新疆维吾尔自治区	29.05	16.98

注：2022年全国人口14.12亿人，2023年全国人口14.1亿人，数据来源于国家统计局。

　　京津冀地区 [1]、长三角地区 [2]、黄河流域省份 [3]、长江经济带省份 [4] 等部分重点区域博物馆数量连续增长，2023 年总数分别达到 547 家、1184 家、2676 家和 2685 家，其中长江经济

[1] 京津冀地区统计口径为北京、天津、河北 3 个省份博物馆数据，后同。
[2] 长三角地区统计口径为上海、江苏、浙江、安徽 4 个省份博物馆数据，后同。
[3] 黄河流域省份统计口径为青海、四川、甘肃、宁夏、内蒙古、陕西、山西、河南、山东 9 个省份博物馆数据，后同。
[4] 长江经济带省份统计口径为贵州、云南、四川、重庆、湖南、湖北、江西、安徽、浙江、江苏、上海 11 个省份博物馆数据，后同。

带省份和京津冀地区博物馆数量增长速度较快，增速分别达到 27.86%、19.17%，黄河流域省份和长江经济带省份博物馆数量占全国博物馆总数比重较大，达 78.45%，博物馆数量分布、增长趋势与我国文明起源发展、经济发展水平呈现较大关联性，在区域分布相对集中的同时，也成为促进区域协调发展的重要力量之一。

表1-1-3　2022—2023年部分重点区域博物馆数量

（单位：家）

区域	2022年	2023年	2023年度占比
京津冀地区	459	547	8.01%
长三角地区	1151	1184	17.33%
黄河流域省份	2585	2676	39.16%
长江经济带省份	2100	2685	39.29%

2023 年，北京、上海、重庆、青岛、成都、西安 6 个城市博物馆数量超过 100 家，"博物馆之城"建设取得显著成效。

表1-1-4　2023年重点城市博物馆建设统计

（单位：家）

省份	城市	博物馆数量
北京市	北京市	194
上海市	上海市	139
重庆市	重庆市	134
山东省	青岛市	131
四川省	成都市	128
陕西省	西安市	127

2022—2023 年，国家一、二、三级博物馆总数未发生变化，为 1209 家[1]。未定级博物馆数量由 5356 家增长至 5624 家，占 2023 年全国博物馆总数的 82.31%。

表1-1-5　2022—2023年全国博物馆等级情况

（单位：家）

等级	2022年	2023年	2023年度占比
一级博物馆	204	204	2.99%
二级博物馆	444	444	6.50%
三级博物馆	561	561	8.21%
未定级博物馆	5356	5624	82.31%

[1]　我国博物馆定级评估工作每 3 年开展一次，2024 年第五批博物馆定级评估工作结束后，全国一、二、三级博物馆总数为 1662 家，其中一级博物馆 327 家，二级博物馆 670 家，三级 665 家。

按照机构属性，我国博物馆划分为国有博物馆和非国有博物馆，其中国有博物馆包括文化文物系统管理的博物馆和其他行业国有博物馆。截至 2023 年底，全国共有国有博物馆 4586 家，其中文化文物系统管理的博物馆 3438 家，占比 50.31%，其他行业国有博物馆 1148 家，占比 16.80%，非国有博物馆 2247 家，占比 32.88%。

表1-1-6 2022—2023年全国博物馆机构属性

（单位：家）

机构属性	2022年	2023年	2023年度占比
文化文物系统管理的博物馆	3381	3438	50.31%
其他行业国有博物馆	1009	1148	16.80%
非国有博物馆	2175	2247	32.88%

按照综合地志、历史文化、革命纪念、自然科技、考古遗址、艺术、其他 7 个类型统计，截至 2023 年底，全国博物馆以历史文化类、综合地志类、革命纪念类为主，共计 4777 家，占比 69.90%；自然科技类、考古遗址类占比较少，分别为 4.54%、2.69%。相较于 2022 年，增长最多的是其他类博物馆，增加 116 家，增幅达 15.74%，涵盖农业、医药、航天、体育等多个行业领域，博物馆题材类型呈现更加多元化趋势。

表1-1-7 2022—2023年全国博物馆题材类型

（单位：家）

题材类型	2022年	2023年	2023年度占比
综合地志	1033	1047	15.32%
历史文化	2549	2619	38.33%
革命纪念	1080	1111	16.26%
自然科技	304	310	4.54%
考古遗址	168	184	2.69%
艺术	694	709	10.38%
其他	737	853	12.48%

第二节 国家一、二、三级博物馆

2022—2023 年间，全国国家一、二、三级博物馆总数和分布未发生变化，共有 1209 家。其中国家一级博物馆 204 家，占比 2.99%，国家二级博物馆 444 家，占比 6.50%，国家三级博物馆 561 家，占比 8.21%。全国国家一、二、三级博物馆每省平均数量为 37.78 家，超过平均数的省份有 15 个，排名前十的省份分别为山东（125 家）、广东（82 家）、浙江（73 家）、河南（71 家）、江苏（69 家）、江西（61 家）、湖北（57 家）、四川（56 家）、陕西（47 家）、黑龙江（46 家）。

表1-2-1　2022—2023年全国博物馆分省（地区）等级情况

（单位：家）

省份	国家一级博物馆	国家二级博物馆	国家三级博物馆	总计
全国	204	444	561	1209
北京市	18	10	7	35
天津市	4	4	0	8
河北省	3	21	18	42
山西省	6	17	17	40
内蒙古自治区	3	11	22	36
辽宁省	6	9	7	22
吉林省	3	6	8	17
黑龙江省	6	16	24	46
上海市	7	13	9	29
江苏省	13	24	32	69
浙江省	13	25	35	73
安徽省	6	17	20	43
福建省	5	20	20	45
江西省	11	27	23	61
山东省	18	45	62	125
河南省	9	31	31	71
湖北省	9	14	34	57
湖南省	6	19	17	42
广东省	10	30	42	82
广西壮族自治区	3	9	18	30
海南省	2	0	1	3
重庆市	5	7	12	24
四川省	12	19	25	56
贵州省	4	3	4	11
云南省	2	8	13	23
西藏自治区	1	1	0	2

续表

省份	国家一级博物馆	国家二级博物馆	国家三级博物馆	总计
陕西省	9	16	22	47
甘肃省	4	12	20	36
青海省	2	2	3	7
宁夏回族自治区	2	4	5	11
新疆维吾尔自治区	2	3	9	14
新疆生产建设兵团	0	1	1	2

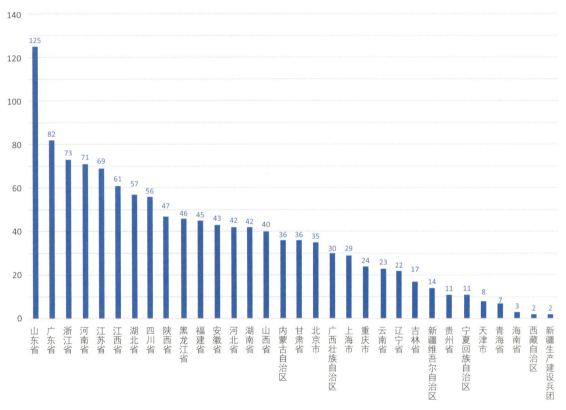

图1-2-1　2022—2023年国家一、二、三级博物馆分省数量（单位：家）

　　国家一级博物馆每省平均数量为 6.38 家，超过平均数的省份有 11 个，排名前十的省份分别为北京（18 家）、山东（18 家）、浙江（13 家）、江苏（13 家）、四川（12 家）、江西（11家）、广东（10 家）、河南（9 家）、湖北（9 家）、陕西（9 家）。

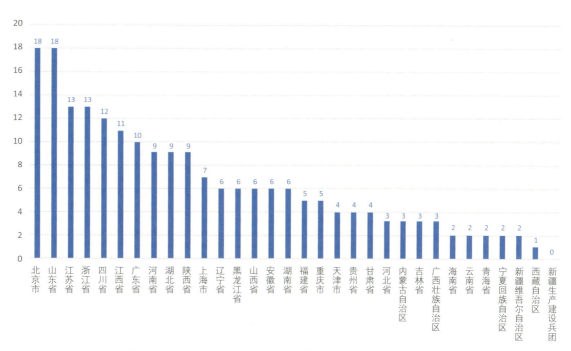

图1-2-2　2022—2023年国家一级博物馆分省数量（单位：家）

国家二级博物馆每省平均数量为13.88家，超过平均数的省份有15个，排名前十的省份分别为山东（45家）、河南（31家）、广东（30家）、江西（27家）、浙江（25家）、江苏（24家）、河北（21家）、福建（20家）、四川（19家）、湖南（19家）。

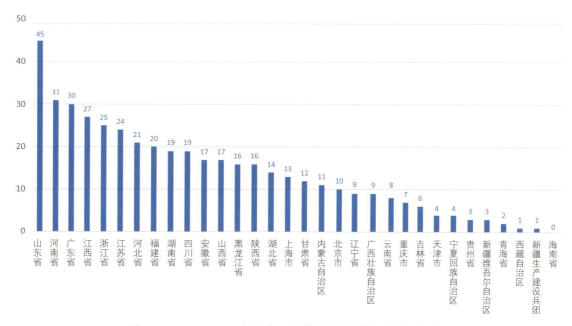

图1-2-3　2022—2023年国家二级博物馆分省数量（单位：家）

　　国家三级博物馆每省平均数量为 17.53 家，超过平均数的省份有 16 个，排名前十的省份分别为山东（62 家）、广东（42 家）、浙江（35 家）、湖北（34 家）、江苏（32 家）、河南（31 家）、四川（25 家）、黑龙江（24 家）、江西（23 家）、陕西（22 家）、内蒙古（22 家）。

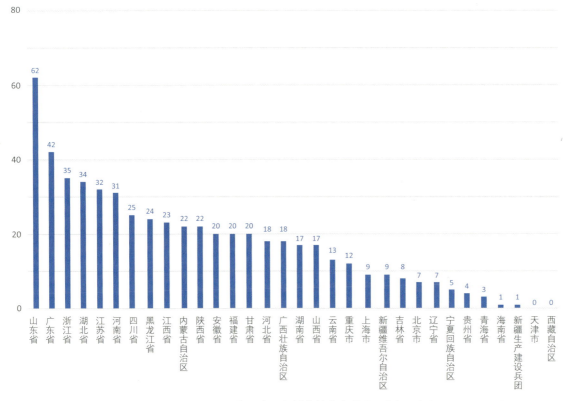

图1-2-4　2022—2023年国家三级博物馆分省数量（单位：家）

第三节　国有博物馆

2022 年全国国有博物馆总数 4390 家，2023 年全国国有博物馆总数 4586 家，增加了 196 家，增幅 4.46%，占全国博物馆总量的 67.12%，总数排名前十的省份分别为山东（320 家）、四川（318 家）、江苏（266 家）、广东（257 家）、河南（253 家）、陕西（230 家）、甘肃（198 家）、浙江（182 家）、湖北（170 家）、河北（163 家）、黑龙江（163 家）。

2023 年，全国 18 个省份文化文物系统管理的博物馆数量实现增长，21 个省份其他行业国有博物馆数量实现增长，全国文化文物系统管理的博物馆和其他行业国有博物馆分别为 3438 家、1148 家，分别比上年增长 1.69%、13.78%。

表1-3-1　2022—2023年国有博物馆分省（地区）情况

（单位：家）

省份	2022年			2023年			
	文化文物系统管理博物馆	其他行业国有博物馆	国有博物馆总数	文化文物系统管理博物馆	其他行业国有博物馆	国有博物馆总数	总数占比
全国	3381	1009	4390	3438	1148	4586	67.12%
北京市	65	75	140	66	91	157	80.93%
天津市	24	22	46	24	22	46	58.97%
河北省	94	31	125	118	45	163	59.27%
山西省	124	18	142	128	16	144	64.00%
内蒙古自治区	114	16	130	108	15	123	74.55%
辽宁省	69	14	83	71	15	86	67.72%
吉林省	69	23	92	69	23	92	83.64%
黑龙江省	119	43	162	121	42	163	75.81%
上海市	35	58	93	34	64	98	70.50%
江苏省	158	104	262	150	116	266	75.14%
浙江省	129	55	184	127	55	182	41.08%
安徽省	120	27	147	130	31	161	64.92%
福建省	96	8	104	96	9	105	72.92%
江西省	137	8	145	134	9	143	74.48%
山东省	190	90	280	190	130	320	41.34%
河南省	199	48	247	204	49	253	62.94%
湖北省	126	41	167	127	43	170	71.43%
湖南省	135	8	143	142	9	151	79.89%
广东省	223	29	252	227	30	257	66.75%

续表

省份	2022年			2023年			
	文化文物系统管理博物馆	其他行业国有博物馆	国有博物馆总数	文化文物系统管理博物馆	其他行业国有博物馆	国有博物馆总数	总数占比
广西壮族自治区	106	7	113	112	10	122	82.43%
海南省	18	3	21	19	3	22	46.81%
重庆市	75	29	104	72	34	106	79.10%
四川省	270	36	306	270	48	318	76.26%
贵州省	100	26	126	104	25	129	83.77%
云南省	124	23	147	126	22	148	83.62%
西藏自治区	10	0	10	10	1	11	84.62%
陕西省	171	55	226	173	57	230	68.25%
甘肃省	125	63	188	127	71	198	79.84%
青海省	24	7	31	25	7	32	74.42%
宁夏回族自治区	28	25	53	28	26	54	83.08%
新疆维吾尔自治区	89	15	104	91	28	119	87.50%
新疆生产建设兵团	15	2	17	15	2	17	100.00%

注：1. 浙江、江西、内蒙古3个省份因机构合并等原因，国有博物馆数量小幅下降。

2. 总数占比指2023年该省份国有博物馆占博物馆总数的比例。

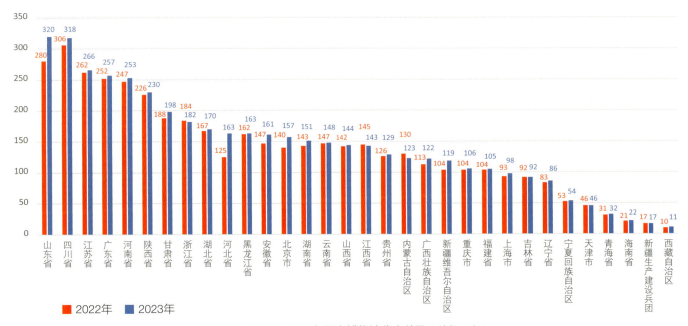

图1-3-1　2022—2023年国有博物馆分省数量（单位：家）

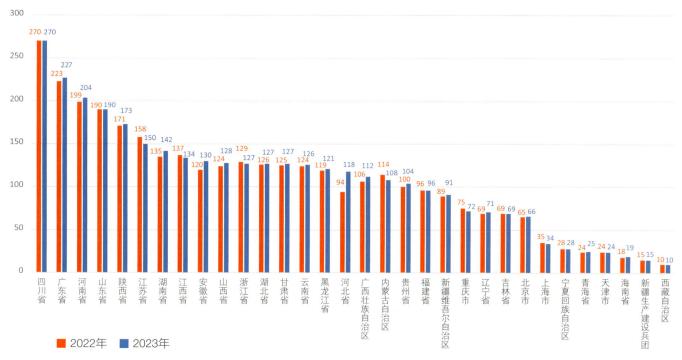

图1-3-2　2022—2023年文化文物系统管理的博物馆分省数量（单位：家）

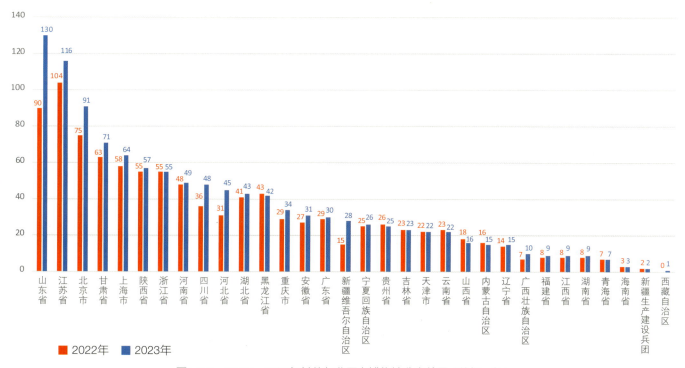

图1-3-3　2022—2023年其他行业国有博物馆分省数量（单位：家）

截至 2023 年底，全国国有博物馆中，国家一、二、三级博物馆总数 1114 家，其中国家一级博物馆 202 家，国家二级博物馆 417 家，国家三级博物馆 495 家。

表1-3-2　2022—2023年全国国有博物馆等级情况

（单位：家）

等级	文化文物系统管理的博物馆	其他行业国有博物馆	国有博物馆总数	2023年度占比
一级博物馆	170	32	202	18.13%
二级博物馆	362	55	417	37.43%
三级博物馆	457	38	495	44.43%

注：2023年度占比为该等级国有博物馆占国有一、二、三级博物馆总数的比例。

截至 2023 年底，综合地志、历史文化、革命纪念、自然科技、考古遗址、艺术、其他 7 个类型中，国有博物馆以综合地志、历史文化、革命纪念类为主，共计占比达 80.60%，自然科技类、考古遗址类、艺术类占比较少，分别为 4.38%、3.90%、3.60%。

表1-3-3　2022—2023年全国国有博物馆题材类型

（单位：家）

题材类型	2022年			2023年			2023年度占比
	文化文物系统管理的博物馆	其他行业国有博物馆	国有博物馆总数	文化文物系统管理的博物馆	其他行业国有博物馆	国有博物馆总数	
综合地志	957	24	981	971	24	995	21.70%
历史文化	1320	295	1615	1342	335	1677	36.57%
革命纪念	715	279	994	716	308	1024	22.33%
自然科技	33	159	192	31	170	201	4.38%
考古遗址	146	15	161	160	19	179	3.90%
艺术	100	64	164	99	66	165	3.60%
其他	110	173	283	119	226	345	7.52%

注：2023年度占比为该题材类型国有博物馆占国有博物馆总数的比例。

第四节　非国有博物馆

　　2022 年全国非国有博物馆总数 2175 家，2023 年全国非国有博物馆总数 2247 家，占全国博物馆总量的 32.88%，增加 72 家，增幅 3.31%。全国 17 个省份非国有博物馆数量实现增长，总数排名前十的省份分别为山东（454 家）、浙江（261 家）、河南（149 家）、广东（128家）、河北（112 家）、陕西（107 家）、四川（99 家）、江苏（88 家）、安徽（87 家）、山西（81 家）。

表1-4-1　2022—2023年全国非国有博物馆分省（地区）情况

（单位：家）

省份	2022年	2023年	2023年度占比
全国	2175	2247	32.88%
北京市	40	37	19.07%
天津市	28	32	41.03%
河北省	80	112	40.73%
山西省	76	81	36.00%
内蒙古自治区	43	42	25.45%
辽宁省	38	41	32.28%
吉林省	15	18	16.36%
黑龙江省	52	52	24.19%
上海市	40	41	29.50%
江苏省	87	88	24.86%
浙江省	251	261	58.92%
安徽省	87	87	35.08%
福建省	39	39	27.08%
江西省	49	49	25.52%
山东省	431	454	58.66%
河南省	148	149	37.06%
湖北省	69	68	28.57%
湖南省	38	38	20.11%
广东省	125	128	33.25%
广西壮族自治区	25	26	17.57%
海南省	21	25	53.19%
重庆市	26	28	20.90%
四川省	100	99	23.74%

续表

省份	2022年	2023年	2023年度占比
贵州省	22	25	16.23%
云南省	36	29	16.38%
西藏自治区	3	2	15.38%
陕西省	111	107	31.75%
甘肃省	48	50	20.16%
青海省	10	11	25.58%
宁夏回族自治区	15	11	16.92%
新疆维吾尔自治区	22	17	12.50%
新疆生产建设兵团	0	0	0.00%

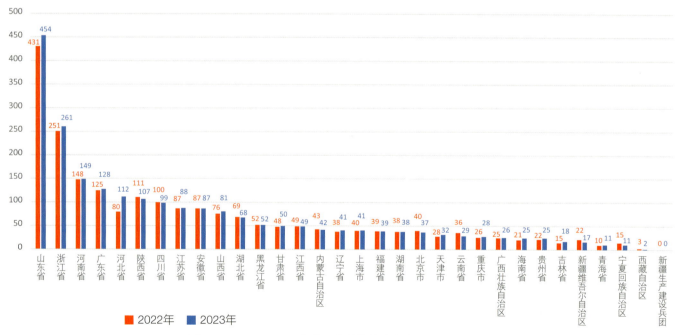

图1-4-1　2022—2023年非国有博物馆分省数量（单位：家）

　　截至2023年底，全国非国有博物馆中，国家一、二、三级博物馆总数95家，其中国家一级博物馆2家，国家二级博物馆27家，国家三级博物馆66家。

表1-4-2　2022—2023年全国非国有博物馆等级情况

（单位：家）

等级	2022年	2023年
一级博物馆	2	2
二级博物馆	27	27
三级博物馆	66	66
未定级博物馆	2080	2152

截至2023年底，非国有博物馆题材类型以历史文化、艺术类、其他类为主，共计1994家。

表1-4-3　2022—2023年全国非国有博物馆题材类型

（单位：家）

题材类型	2022年	2023年
综合地志	52	52
历史文化	934	942
革命纪念	86	87
自然科技	112	109
考古遗址	7	5
艺术	530	544
其他	454	508

第五节　中小博物馆

2022 年全国中小博物馆 [1] 总数 4515 家，2023 年全国中小博物馆总数 4609 家，占全国博物馆总数的 67.45%。从本周期统计数据看，在国家政策支持保障下，中小博物馆质量日益提升，一些原中小博物馆向博物馆体系的更高层级有序发展，呈现更加持续健康发展的态势。2023 年，全国中小博物馆每省平均 144.03 家，排名前十的省份分别为山东（605 家）、浙江（347 家）、四川（304 家）、河南（298 家）、广东（270 家）、陕西（221 家）、江苏（211 家）、河北（195 家）、安徽（188 家）、甘肃（180 家），中小博物馆数量占本省博物馆总数比例前十的省份为贵州（80.52%）、浙江（78.33%）、山东（78.17%）、海南（76.60%）、安徽（75.81%）、内蒙古（75.76%）、河南（74.13%）、湖南（73.54%）、四川（72.90%）、甘肃（72.58%）。

表1-5-1　2022—2023年全国中小博物馆分省（地区）情况

（单位：家）

省份	2022年	2023年	2023年度占比
全国	4515	4609	67.45%
北京市	53	42	21.65%
天津市	30	33	42.31%
河北省	148	195	70.91%
山西省	153	158	70.22%
内蒙古自治区	133	125	75.76%
辽宁省	63	65	51.18%
吉林省	60	65	59.09%
黑龙江省	151	153	71.16%
上海市	51	52	37.41%
江苏省	212	211	59.60%
浙江省	340	347	78.33%
安徽省	180	188	75.81%
福建省	97	94	65.28%
江西省	140	135	70.31%
山东省	559	605	78.17%
河南省	296	298	74.13%
湖北省	165	159	66.81%
湖南省	138	139	73.54%
广东省	266	270	70.13%
广西壮族自治区	89	93	62.84%

[1] 本报告中的中小博物馆符合以下条件：场馆建筑规模小于或等于10000平方米，包括国有和非国有博物馆；国有博物馆需同时满足区县级及以下行政隶属层级。

续表

省份	2022年	2023年	2023年度占比
海南省	32	36	76.60%
重庆市	24	26	19.40%
四川省	299	304	72.90%
贵州省	120	124	80.52%
云南省	130	126	71.19%
西藏自治区	3	1	7.69%
陕西省	230	221	65.58%
甘肃省	187	180	72.58%
青海省	21	23	53.49%
宁夏回族自治区	38	36	55.38%
新疆维吾尔自治区	99	97	71.32%
新疆生产建设兵团	8	8	47.06%

注：1. 2023年度占比为2023年各省中小博物馆数量占本省博物馆总数的比例。
2. 由于博物馆改扩建、机构合并、隶属层级调整等原因，部分省份中小博物馆数量小幅下降。

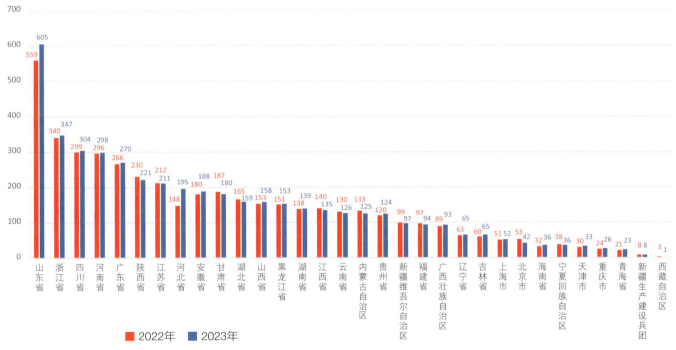

图1-5-1　2022—2023年中小博物馆分省数量（单位：家）

　　2023 年，全国中小博物馆中，国家一、二、三级博物馆总数 427 家，占全国国家一、二、三级博物馆总数的 35.32%，其中国家一级博物馆 3 家，国家二级博物馆 81 家，国家三级博物馆 343 家；未定级博物馆 4182 家。相比 2022 年，随着部分博物馆已经超出中小博物馆的标准和发展水平，中小博物馆中的国家一、二、三级博物馆数量也相应发生了变化，共涉及 23 家。

表1-5-2　2022—2023年中小博物馆等级

（单位：家）

等级	2022年	2023年	2023年度占比
一级博物馆	5	3	0.07%
二级博物馆	91	81	1.76%
三级博物馆	354	343	7.44%
未定级博物馆	4605	4182	90.74%

注：2023年度占比为该机构属性中小博物馆数占中小博物馆总数的比例。

　　截至2023年底，全国中小博物馆中，国有博物馆2492家，占中小博物馆总数的54.07%。其中，文化文物系统管理的博物馆2145家，占中小博物馆总数46.54%，占文化文物系统管理的博物馆总数（3438家）的62.39%，其他行业国有博物馆347家，占中小博物馆总数7.53%，占其他行业国有博物馆总数（1148家）的30.23%；非国有博物馆2117家，占中小博物馆总数45.93%，占非国有博物馆总数（2247家）的94.21%。

表1-5-3　2022—2023年中小博物馆机构属性

（单位：家）

机构属性	2022年	2023年	2023年度占比
文化文物系统管理的博物馆	2150	2145	46.54%
其他行业国有博物馆	308	347	7.53%
非国有博物馆	2057	2117	45.93%

注：2023年度占比为该机构属性中小博物馆占中小博物馆总数的比例。

　　截至2023年底，在综合地志、历史文化、革命纪念、自然科技、考古遗址、艺术、其他7个类型中，中小博物馆以历史文化类为主，占比达40.59%，自然科技类、考古遗址类占比较少，分别为2.99%、1.63%。

表1-5-4　2022—2023年中小博物馆题材类型

（单位：家）

题材类型	2022年	2023年	2023年度占比
综合地志	650	642	13.93%
历史文化	1844	1871	40.59%
革命纪念	693	693	15.04%
自然科技	140	138	2.99%
考古遗址	78	75	1.63%
艺术	563	571	12.39%
其他	547	619	13.43%

注：2023年度占比为该题材类型中小博物馆数占中小博物馆总数的比例。

第二章
从业人员

第一节　总体情况

2022 年全国博物馆从业人员总数 14.91 万人，2023 年全国博物馆从业人员总数 16.69 万人，增加 1.77 万人，增幅 11.90%。2023 年，全国多数省份及新疆生产建设兵团从业人员实现增长，北京、河北、山西、上海、山东、甘肃 6 个省份从业人员增长超过 1000 人。北京、山东和陕西 3 个省份的从业人员数量超过 10000 人，另有河北、山西、上海、江苏、浙江等11 个省份从业人员数量超过 5000 人。

表2-1-1　2022—2023年全国博物馆从业人员分省（地区）情况

（单位：人）

省份	2022年	2023年
全国	149107	166856
北京市	11722	13839
天津市	1654	1837
河北省	5115	6320
山西省	5355	7153
内蒙古自治区	3512	3869
辽宁省	3529	3904
吉林省	2204	2269
黑龙江省	3262	3343
上海市	4723	6103
江苏省	7718	8226
浙江省	8562	8836
安徽省	3369	3761
福建省	3029	3117
江西省	6706	7069
山东省	11134	13252
河南省	8211	9005
湖北省	5038	5534
湖南省	4308	4747
广东省	7226	7655
广西壮族自治区	2738	3005
海南省	747	808
重庆市	3823	4063
四川省	8852	9850
贵州省	2448	2668
云南省	2747	2809

续表

省份	2022年	2023年
西藏自治区	559	606
陕西省	10900	11839
甘肃省	6033	7244
青海省	674	648
宁夏回族自治区	1066	1148
新疆维吾尔自治区	1936	2083
新疆生产建设兵团	207	246

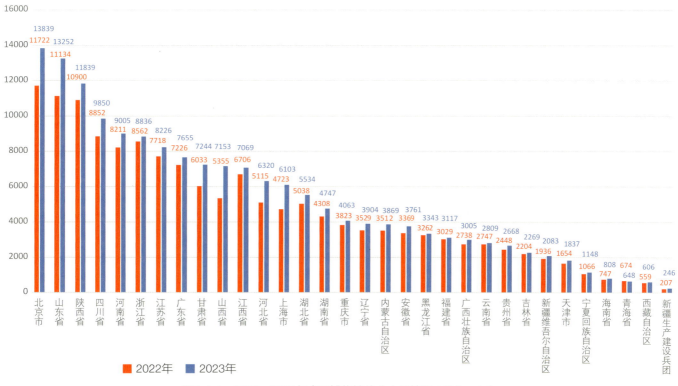

图2-1-1　2022—2023年全国博物馆从业人员情况（单位：人）

　　京津冀地区、长三角地区、黄河流域省份、长江经济带省份博物馆从业人员持续稳定增长，京津冀地区、黄河流域省份从业人员数量增长较为明显，增长率分别达 18.96%、18.24%，2023 年黄河流域省份、长江经济带省份从业人数总量分别达到 6.4 万人和 6.3 万人，占全国从业人员总数的 38.36%、38.16%。

表2-1-2　2022—2023年博物馆从业人员重点区域分布

（单位：人）

区域	2022年	2023年
京津冀地区	18491	21996
长三角地区	24372	26926
黄河流域省份	54135	64008
长江经济带省份	58294	63666

截至 2023 年底，全国国家一、二、三级博物馆从业人员总数 8.13 万人，占全国博物馆从业人员总数 48.70%，其中国家一级博物馆从业人员总数 3.68 万人，国家二级博物馆从业人员总数 2.81 万人，国家三级博物馆从业人员总数 1.63 万人；未定级博物馆从业人员总数 8.56 万人，占全国博物馆从业人员总数 51.30%。从统计数据看，国家一级博物馆和国家二级博物馆从业人员总数、馆均从业人员数都有较大幅度的增长，未定级博物馆从业人员总数也出现一定增长，馆均从业人数从 2022 年的 14 人增长到 2023 年的 15 人。

表2-1-3　2022—2023年不同等级博物馆从业人员情况

（单位：人）

等级	从业人员			馆均人员	
	2022年	2023年	2023年度占比	2022年	2023年
一级博物馆	32697	36792	22.05%	160.28	180.35
二级博物馆	25017	28139	16.86%	56.34	63.38
三级博物馆	15568	16323	9.78%	27.80	29.10
未定级博物馆	75825	85602	51.30%	14.16	15.22

截至 2023 年底，全国国有博物馆从业人员总数 14.61 万人，其中文化文物系统管理的博物馆从业人员总数 11.27 万人，占全国博物馆从业人员总数的 67.54%，馆均从业人数 33 人，其他行业国有博物馆从业人员总数 3.34 万人，占全国博物馆从业人员总数的 20.01%，馆均从业人数 29 人，非国有博物馆从业人员总数 2.08 万人，占全国博物馆从业人员总数的 12.45%，馆均从业人数 9 人。

表2-1-4　2022—2023年不同机构属性博物馆从业人员情况

（单位：人）

机构属性	从业人员			馆均从业人员	
	2022年	2023年	2023年度占比	2022年	2023年
文化文物系统管理的博物馆	102470	112694	67.54%	30.31	32.78
其他行业国有博物馆	26700	33394	20.01%	26.46	29.09
非国有博物馆	19937	20768	12.45%	9.17	9.24

截至 2023 年底，全国国有博物馆中，中央属博物馆从业人员总数 0.74 万人，占国有博物馆从业人员总数的 5.08%，馆均从业人数 98 人；省（自治区、直辖市）属博物馆从业人员总数 3.02 万人，占比 20.69%，馆均从业人数 86 人；地市（州、盟）属博物馆从业人员总数 5.16 万人，占比 35.33%，馆均从业人数 44 人；县（区、旗）及以下属博物馆从业人员总数 5.40 万人，占比 36.99%，馆均从业人数 19 人；其他隶属层级博物馆从业人员总数 0.28 万人，占比 1.91%，馆均从业人数 14 人。

表2-1-5　2022—2023年不同隶属层级国有博物馆从业人员情况

（单位：人）

隶属层级	从业人员			馆均从业人员	
	2022年	2023年	2023年度占比	2022年	2023年
中央	7158	7423	5.08%	100.82	97.67
省（自治区、直辖市）	24627	30223	20.69%	75.54	86.35
地市（州、盟）	44025	51617	35.33%	39.73	43.89
县（区、旗）及以下	50744	54031	36.99%	18.78	19.38
其他	2616	2794	1.91%	14.14	14.26

注：2023年度占比指该指标占国有博物馆从业人员总数的比例。

2023 年，全国综合地志、历史文化、革命纪念类博物馆从业人员总计达 12.25 万人，占全国博物馆从业人员的 73.43%。相比 2022 年，除艺术类博物馆从业人员略有减少外，其余 6 类博物馆从业人员总数均有不同程度增长。

表2-1-6　2022—2023年不同题材类型博物馆从业人员情况

（单位：人）

题材类型	2022年	2023年	2023年度占比
综合地志	32848	38302	22.96%
历史文化	51546	56686	33.97%
革命纪念	25460	27532	16.50%
自然科技	9436	10854	6.51%
考古遗址	9844	11711	7.02%
艺术	8432	8182	4.90%
其他	11541	13589	8.14%

第二节　专业人员数据

2022 年全国博物馆专业技术人员总数 4.93 万人，2023 年全国博物馆专业技术人员总数 5.41 万人，增加 0.48 万人，增长 9.65%，全国博物馆馆均专业人员 8 人。截至 2023 年底，共有 23 个省份专业技术人员数量超过 1000 人。在专业技术人员中，正高级职称人员 0.33 万人，占比 6.17%，副高级职称 0.98 万人，占比 18.11%，中级职称 2.29 万人，占比 42.36%，初级职称 1.81 万人，占比 33.36%。

表2-2-1　2022—2023年全国博物馆专业技术人员分省（地区）情况

（单位：人）

省份	专业技术人员		馆均人数	
	2022年	2023年	2022年	2023年
全国	49339	54102	7.52	7.92
北京市	5796	6108	32.20	31.48
天津市	649	627	8.77	8.04
河北省	1445	1657	7.05	6.03
山西省	1641	2027	7.53	9.01
内蒙古自治区	1185	1439	6.85	8.72
辽宁省	1347	1574	11.13	12.39
吉林省	878	886	8.21	8.05
黑龙江省	1128	1257	5.27	5.85
上海市	2412	2340	18.14	16.83
江苏省	2675	2924	7.66	8.26
浙江省	2708	2840	6.23	6.41
安徽省	1104	1193	4.72	4.81
福建省	1052	1112	7.36	7.72
江西省	1539	1613	7.93	8.40
山东省	3621	4424	5.09	5.72
河南省	2415	2583	6.11	6.43
湖北省	1870	2006	7.92	8.43
湖南省	1343	1470	7.42	7.78
广东省	2379	2609	6.31	6.78
广西壮族自治区	1159	1345	8.40	9.09
海南省	250	291	5.95	6.19
重庆市	1225	1318	9.42	9.84
四川省	2162	2646	5.33	6.35
贵州省	662	648	4.47	4.21
云南省	1215	1232	6.64	6.96
西藏自治区	187	186	14.38	14.31

续表

省份	专业技术人员		馆均人数	
	2022年	2023年	2022年	2023年
陕西省	2727	2923	8.09	8.67
甘肃省	1477	1626	6.26	6.56
青海省	240	249	5.85	5.79
宁夏回族自治区	352	349	5.18	5.37
新疆维吾尔自治区	430	525	3.41	3.86
新疆生产建设兵团	66	75	3.88	4.41

注：专业技术人员指已获得专业技术职称的人员，不限于文博专业技术职称。

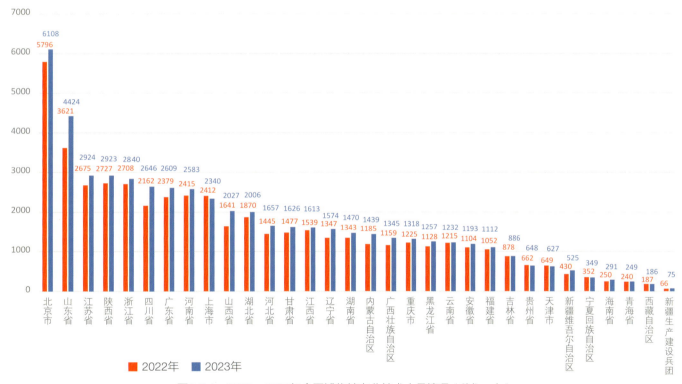

图2-2-1 2022—2023年全国博物馆专业技术人员情况（单位：人）

表2-2-2 2022—2023年全国博物馆专业技术人员职称情况

（单位：人）

职称等级	2022年	2023年	2023年度占比
正高级	2829	3337	6.17%
副高级	8744	9797	18.11%
中级	21519	22917	42.36%
初级	16212	18051	33.36%

注：2023年度占比为该等级职称专业技术人员占专业技术职称人员总数的比例。

2023 年，全国国家一、二、三级博物馆共有专业技术人员 3.05 万人，占全国博物馆专业技术人员总数的 56.31%。其中，国家一级博物馆专业技术人员 1.57 万人，占全国博物馆专业技术人员总数的 29.05%，国家二级博物馆专业技术人员 0.93 万人，占全国博物馆专业技术人员总数的 17.21%，国家三级博物馆专业技术人员 0.54 万人，占全国博物馆专业技术人员总数的 10.06%；未定级博物馆专业技术人员 2.36 万人，占全国博物馆专业技术人员总数的 43.69%，专业技术人员在不同层级博物馆均有所增长。全国博物馆馆均专业技术人数较高的是国家一级博物馆和国家二级博物馆，馆均人数分别达 77 人、21 人。同时，副高级职称及以上专业技术人员也主要集中在国家一级博物馆和国家二级博物馆，总量达 6623 人，占全国博物馆副高级职称及以上专业技术人员总数的 50.42%。

表2-2-3　2022—2023年不同等级博物馆专业技术人员情况

（单位：人）

等级	专业技术人员			副高级职称及以上人员			馆均专业技术人员	
	2022年	2023年	2023年度占比	2022年	2023年	2023年度占比	2022年	2023年
一级博物馆	15252	15715	29.05%	4287	4584	34.90%	74.76	77.03
二级博物馆	8419	9309	17.21%	1766	2039	15.52%	18.96	20.97
三级博物馆	4975	5443	10.06%	881	1019	7.76%	8.88	9.70
未定级博物馆	20693	23635	43.69%	4642	5492	41.82%	3.86	4.20

截至 2023 年底，全国国有博物馆中，中央属博物馆专业技术人员总数 0.47 万人，占国有博物馆专业技术人员总数的 9.44%，馆均专业技术人员 61 人；省（自治区、直辖市）属博物馆专业技术人员总数 1.18 万人，占比 23.84%，馆均专业技术人员 34 人；地市（州、盟）属博物馆专业技术人员总数 1.76 万人，占比 35.48%，馆均专业技术人员 15 人；县（区、旗）及以下属博物馆专业技术人员总数 1.43 万人，占比 28.96%，馆均专业技术人员 5 人；其他隶属层级博物馆专业技术人员总数 0.11 万人，占比 2.28%，馆均专业技术人员 1 人。

表2-2-4　2022—2023年不同隶属层级国有博物馆专业技术人员情况

（单位：人）

隶属层级	专业技术人员			副高级职称及以上人员			馆均专业技术人员	
	2022年	2023年	2023年度占比	2022年	2023年	2023年度占比	2022年	2023年
中央	4516	4669	9.44%	1764	1797	15.56%	63.61	61.43
省（自治区、直辖市）	10897	11796	23.84%	3112	3456	29.93%	33.43	33.70
地市（州、盟）	16042	17555	35.48%	3231	3715	32.18%	14.48	14.93
县（区、旗）及以下	13216	14328	28.96%	2242	2094	18.14%	4.89	5.14
其他	1038	1126	2.28%	425	484	4.19%	0.38	0.40

注：2023年度占比指该指标占国有博物馆该指标总数的比例。

2023 年，全国综合地志、历史文化、革命纪念类博物馆专业技术人员总数 4.13 万人，占全国博物馆专业技术人员的 76.36%。相比 2022 年，除艺术类博物馆专业技术人员略有减少外，其余 6 类博物馆专业技术人员总数均有不同程度增长。

表2-2-5　2022—2023年不同题材类型博物馆专业技术人员情况

（单位：人）

题材类型	专业技术人员			馆均专业技术人员	
	2022年	2023年	2023年度占比	2022年	2023年
综合地志	13804	15226	28.14%	13.36	14.54
历史文化	17401	18769	34.69%	6.83	7.17
革命纪念	6531	7318	13.53%	6.05	6.59
自然科技	4023	4308	7.96%	13.23	13.90
考古遗址	2327	2711	5.01%	13.85	14.73
艺术	2693	2625	4.85%	3.88	3.70
其他	2560	3145	5.81%	3.47	3.69

第三节　志愿者数据

　　2022 年，全国博物馆志愿者总数 21.46 万人，馆均 33 人。2023 年，全国博物馆志愿者总数 31.40 万人，馆均 46 人。与 2022 年相比，2023 年全国博物馆志愿者增长显著，全国增长 9.95 万人，增长率 46.35%。全国博物馆志愿者总数排名前十的分别是广东（3.21 万人）、山东（2.47 万人）、浙江（2.37 万人）、江苏（2.27 万人）、北京（1.98 万人）、重庆（1.62 万人）、上海（1.56 万人）、湖北（1.52 万人）、陕西（1.34 万人）、四川（1.31 万人）；馆均志愿者人数排名前十的分别是重庆（121 人）、上海（112 人）、北京（102 人）、广东（83 人）、湖南（66 人）、江西（65 人）、江苏（64 人）、湖北（64 人）、辽宁（60 人）、浙江（54 人）。

表2-3-1　2022—2023年全国博物馆志愿者分省（地区）情况

（单位：人）

省份	志愿者		馆均志愿者	
	2022年	2023年	2022年	2023年
全国	214590	314044	32.69	45.96
北京市	9522	19825	52.90	102.19
天津市	3024	3967	40.86	50.86
河北省	4836	7743	23.59	28.16
山西省	4854	5690	22.27	25.29
内蒙古自治区	2474	3506	14.30	21.25
辽宁省	5379	7673	44.45	60.42
吉林省	3344	5322	31.25	48.38
黑龙江省	5448	6695	25.46	31.14
上海市	8903	15565	66.94	111.98
江苏省	14690	22692	42.09	64.10
浙江省	16242	23719	37.34	53.54
安徽省	4222	5215	18.04	21.03
福建省	7408	7301	51.80	50.70
江西省	11743	12487	60.53	65.04
山东省	14755	24672	20.75	31.88
河南省	8902	10244	22.54	25.48
湖北省	6530	15200	27.67	63.87
湖南省	9423	12513	52.06	66.21
广东省	23919	32115	63.45	83.42
广西壮族自治区	3399	5577	24.63	37.68
海南省	597	787	14.21	16.74
重庆市	10567	16214	81.28	121.00
四川省	8279	13062	20.39	31.32

续表

省份	志愿者		馆均志愿者	
	2022年	2023年	2022年	2023年
贵州省	3474	3222	23.47	20.92
云南省	3490	3608	19.07	20.38
西藏自治区	71	181	5.46	13.92
陕西省	7824	13440	23.22	39.88
甘肃省	8183	10904	34.67	43.97
青海省	243	701	5.93	16.30
宁夏回族自治区	1275	1962	18.75	30.18
新疆维吾尔自治区	1451	1907	11.52	14.02
新疆生产建设兵团	119	335	7.00	19.71

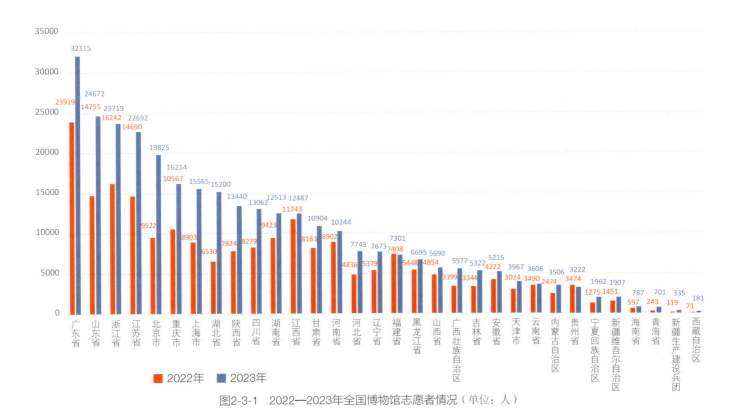

图2-3-1　2022—2023年全国博物馆志愿者情况（单位：人）

截至2023年底，国家一、二、三级博物馆志愿者总数17.53万人，占全国博物馆志愿者人员总数55.83%，其中国家一级博物馆志愿者总数7.94万人，国家二级博物馆志愿者总数6.23万人，国家三级博物馆志愿者总数3.36万人；未定级博物馆志愿者总数13.87万人，占全国博物馆志愿者总数44.17%。相比2022年，国家一级博物馆和国家二级博物馆志愿者人数增长均达50%以上，馆均志愿者分别达到389人和140人；未定级博物馆志愿者总数也出现大幅增长，增幅达40.83%。

表2-3-2　2022—2023年不同等级博物馆志愿者情况

（单位：人）

等级	志愿者			馆均志愿者	
	2022年	2023年	2023年度占比	2022年	2023年
一级博物馆	51440	79383	25.28%	252.16	389.13
二级博物馆	41112	62336	19.85%	92.59	140.40
三级博物馆	28230	33598	10.70%	50.41	59.89
未定级博物馆	93808	138727	44.17%	17.51	24.67

截至 2023 年底，全国文化文物系统管理的博物馆志愿者总数 21.36 万人，占全国博物馆志愿者总数的 68.02%，馆均志愿者 62 人，其他行业国有博物馆志愿者总数 7.07 万人，占比 22.51%，馆均志愿者 62 人，非国有博物馆志愿者总数 2.97 万人，占比 9.47%，馆均志愿者 13 人。相比 2022 年，2023 年各类博物馆志愿者稳步增长，主要集中在国有博物馆，志愿者总人数达 28.43 万人，占全国博物馆志愿者总数的 90.53%。

表2-3-3　2022—2023年不同机构属性博物馆志愿者情况

（单位：人）

机构属性	志愿者			馆均志愿者	
	2022年	2023年	2023年度占比	2022年	2023年
文化文物系统管理的博物馆	150076	213609	68.02%	44.39	62.13
其他行业国有博物馆	41887	70700	22.51%	41.51	61.59
非国有博物馆	22627	29735	9.47%	10.4	13.23

截至 2023 年底，全国国有博物馆中，中央属博物馆志愿者总数 1.26 万人，占比 15.56%，馆均志愿者 166 人，省（自治区、直辖市）属博物馆志愿者总数 5.90 万人，占比 29.93%，馆均志愿者 169 人，地市（州、盟）属博物馆志愿者总数 11.28 万人，占比 32.18%，馆均志愿者 96 人，县（区、旗）及以下属博物馆志愿者总数 9.30 万人，占比 18.14%，馆均志愿者 33 人，其他隶属层级的博物馆志愿者总数 0.70 万人，占比 4.19%，馆均志愿者 3 人。

表2-3-4　2022—2023年不同隶属层级国有博物馆志愿者情况

（单位：人）

隶属层级	志愿者			馆均志愿者	
	2022年	2023年	2023年度占比	2022年	2023年
中央	6013	12581	15.56%	84.69	165.54
省（自治区、直辖市）	35952	59040	29.93%	110.28	168.69
地市（州、盟）	76960	112768	32.18%	69.46	95.89
县（区、旗）及以下	67745	92953	18.14%	25.07	33.34
其他	5293	6967	4.19%	1.96	2.50

第三章
场馆设施

第一节　总体情况

2022 年全国博物馆馆舍建筑总面积 3699.65 万平方米，2023 年全国博物馆馆舍建筑总面积 4272.97 万平方米，增加 573.32 万平方米，增幅 15.50%。2023 年，全国多数省份及新疆生产建设兵团实现馆舍建筑面积总体增长。2023 年全国博物馆馆舍建筑面积超过 10 万平方米的共 18 家，占比 0.26%，5 万—10 万平方米的共 59 家，占比 0.86%，1 万—5 万平方米的共 966 家，占比 14.14%，5 千—1 万平方米的共 1113 家，占比 16.29%，少于 5 千平方米的共 4677 家，占比 68.45%。

表3-1-1　2022—2023年全国博物馆馆舍建筑面积分省（地区）情况

（单位：万平方米）

省份	馆舍建筑面积		馆均建筑面积	
	2022年	2023年	2022年	2023年
全国	3699.65	4272.97	0.56	0.63
北京市	296.93	308.68	1.65	1.59
天津市	43.03	47.68	0.58	0.61
河北省	114.04	172.67	0.56	0.63
山西省	116.95	134.84	0.54	0.60
内蒙古自治区	112.74	120.35	0.65	0.73
辽宁省	80.61	92.09	0.67	0.73
吉林省	53.26	59.78	0.50	0.54
黑龙江省	85.74	86.18	0.40	0.40
上海市	106.58	116.64	0.80	0.84
江苏省	234.45	260.4	0.67	0.74
浙江省	230.25	253.11	0.53	0.57
安徽省	108.29	131.89	0.46	0.53
福建省	92.86	95.34	0.65	0.66
江西省	119.97	144.96	0.62	0.76
山东省	337.45	400.69	0.47	0.52
河南省	216.16	249.15	0.55	0.62
湖北省	126.83	156.92	0.54	0.66
湖南省	89.1	109.49	0.49	0.58
广东省	193.63	223.88	0.51	0.58
广西壮族自治区	66.27	80.86	0.48	0.55
海南省	20.14	24.99	0.48	0.53
重庆市	78.14	81.22	0.60	0.61
四川省	207.77	235.14	0.51	0.56
贵州省	55.63	74.29	0.38	0.48
云南省	86.35	90.02	0.47	0.51

续表

省份	馆舍建筑面积		馆均建筑面积	
	2022年	2023年	2022年	2023年
西藏自治区	27.35	28.46	2.10	2.19
陕西省	172.6	221.53	0.51	0.66
甘肃省	98.67	133.98	0.42	0.54
青海省	30.77	31.02	0.75	0.72
宁夏回族自治区	30.43	29.77	0.45	0.46
新疆维吾尔自治区	60.56	69.53	0.48	0.51
新疆生产建设兵团	6.11	7.43	0.36	0.44

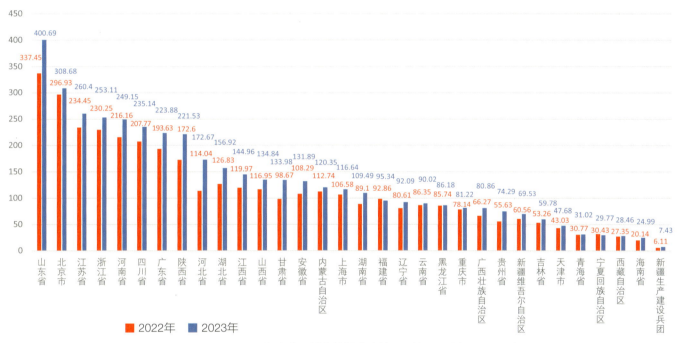

图3-1-1　2022—2023年度全国博物馆馆舍建筑面积情况（单位：万平方米）

表3-1-2　2022—2023年全国博物馆馆舍规模分布情况

（单位：家）

规模分布	2022年	2023年	2023年度占比
超过10万平方米	15	18	0.26%
5万—10万平方米	38	59	0.86%
1万—5万平方米	831	966	14.14%
5千—1万平方米	1020	1113	16.29%
少于5千平方米	4661	4677	68.45%

截至 2023 年底，全国国家一、二、三级博物馆馆舍建筑面积 1935.92 万平方米，占全国博物馆馆舍总建筑面积 45.31%，其中国家一级博物馆馆舍建筑面积 815.38 万平方米，占比 19.08%，馆均建筑面积 4 万平方米；国家二级博物馆馆舍建筑面积 667.7 万平方米，占比 15.63%，馆均建筑面积 1.5 万平方米；国家三级博物馆馆舍建筑面积 452.84 万平方米，占比 10.60%，馆均建筑面积 0.81 万平方米；未定级博物馆馆舍建筑面积 2337.05 万平方米，占比 54.69%，馆均建筑面积 0.44 万平方米。

表3-1-3　2022—2023年不同等级博物馆馆舍建筑面积情况

（单位：万平方米）

等级	馆舍建筑面积			馆均建筑面积	
	2022年	2023年	2023年度占比	2022年	2023年
一级博物馆	747.38	815.38	19.08%	3.67	4.00
二级博物馆	597.36	667.7	15.63%	1.35	1.50
三级博物馆	392.09	452.84	10.60%	0.70	0.81
未定级博物馆	1962.81	2337.05	54.69%	0.37	0.44

截至 2023 年底，全国文化文物系统管理的博物馆馆舍建筑面积 2708.64 万平方米，占全国博物馆馆舍总建筑面积的 63.39%，馆均建筑面积 0.79 万平方米；其他行业国有博物馆馆舍建筑面积 853.84 万平方米，占比 19.98%，馆均建筑面积 0.74 万平方米；非国有博物馆馆舍建筑面积 710.49 万平方米，占比 16.63%，馆均建筑面积 0.32 万平方米。

表3-1-4　2022—2023年不同机构属性博物馆馆舍建筑面积情况

（单位：万平方米）

机构属性	馆舍建筑面积			馆均建筑面积	
	2022年	2023年	2023年度占比	2022年	2023年
文化文物系统管理的博物馆	2359.82	2708.64	63.39%	0.70	0.79
其他行业国有博物馆	697.82	853.84	19.98%	0.69	0.74
非国有博物馆	642.01	710.49	16.63%	0.30	0.32

2022—2023 年，全国不同题材类型博物馆馆舍建筑面积均有所增长，其中革命纪念、考古遗址和其他类博物馆增长较快，增幅达 20% 以上。截至 2023 年底，全国综合地志、历史文化类博物馆馆舍建筑面积占比较大，分别为 25.56%、33.23%，综合地志、自然科技类博物馆馆均建筑面积超 1 万平方米。

表3-1-5　2022—2023年不同题材类型博物馆馆舍建筑面积情况

（单位：万平方米）

题材类型	馆舍建筑面积			馆均建筑面积	
	2022年	2023年	2023年度占比	2022年	2023年
综合地志	982.76	1091.96	25.56%	0.95	1.04
历史文化	1260.86	1419.99	33.23%	0.49	0.54
革命纪念	484	627.71	14.69%	0.45	0.56
自然科技	292.61	319.59	7.48%	0.96	1.03
考古遗址	136.16	166.63	3.90%	0.81	0.91
艺术	268.68	294.97	6.90%	0.39	0.42
其他	274.59	352.12	8.24%	0.37	0.41

第二节　展　厅

2023 年，全国博物馆展厅面积呈增长趋势，从 2022 年的 1690.51 万平方米增长至 1835 万平方米，增长了 144.49 万平方米，馆均面积 0.27 万平方米。2023 年，展厅面积增长较快的有河北、浙江、山东 3 个省份。

表3-2-1　2022—2023年全国博物馆展厅面积分省（地区）情况

（单位·万平方米）

省份	2022年	2023年	2023年度馆均面积
全国	1690.51	1835	0.27
北京市	117.37	122.66	0.63
天津市	18.65	19.16	0.25
河北省	53.83	75.57	0.27
山西省	46.06	53.02	0.24
内蒙古自治区	51.58	55.77	0.34
辽宁省	38.21	41.86	0.33
吉林省	25.14	29.07	0.26
黑龙江省	51.09	51.1	0.24
上海市	43.26	48.04	0.35
江苏省	105.5	111.18	0.31
浙江省	103.76	113.9	0.26
安徽省	53.81	57.81	0.23
福建省	39.66	42.97	0.30
江西省	57.89	64.03	0.33
山东省	172.84	184.83	0.24
河南省	84.51	87.48	0.22
湖北省	58.1	63.49	0.27
湖南省	43.4	47.97	0.25
广东省	84.27	92.16	0.24
广西壮族自治区	31.58	35.66	0.24
海南省	7.42	10.75	0.23
重庆市	39.42	40.55	0.30
四川省	102.32	109.87	0.26
贵州省	26.86	28.17	0.18
云南省	37.1	36.98	0.21
西藏自治区	7.52	7.76	0.60
陕西省	74.28	76.83	0.23

省份	2022年	2023年	2023年度馆均面积
甘肃省	45.74	53.32	0.22
青海省	16.33	16.55	0.38
宁夏回族自治区	19.01	18.73	0.29
新疆维吾尔自治区	29.98	33.37	0.25
新疆生产建设兵团	4.01	5.16	0.30

截至 2023 年底，全国国家一、二、三级博物馆展厅面积 761.8 万平方米，其中国家一级博物馆展厅面积 299.23 万平方米，馆均展厅面积 1.47 万平方米；国家二级博物馆展厅面积 275.91 万平方米，馆均展厅面积 0.62 万平方米；国家三级博物馆展厅面积 186.66 万平方米，馆均展厅面积 0.33 万平方米。另外，未定级博物馆展厅面积 1073.2 万平方米，馆均展厅面积 0.19 万平方米。与 2022 年相比，2023 年全国不同等级博物馆展厅面积均有增长，充分说明博物馆展示空间和展览体验正在持续得到改善。

表3-2-2 2022—2023年不同等级博物馆展厅情况

（单位：万平方米）

等级	2022年	2023年	2023年度馆均面积	2023年度占比
一级博物馆	280.16	299.23	1.47	36.70%
二级博物馆	257.58	275.91	0.62	41.32%
三级博物馆	183.81	186.66	0.33	41.22%
未定级博物馆	968.97	1073.2	0.19	45.92%

注：2023年度占比为2023年度展厅面积占馆舍建筑面积的比例。

截至 2023 年底，全国文化文物系统管理的博物馆展厅面积 1084.18 万平方米，占建筑面积 40.03%，馆均展厅面积 0.32 万平方米；其他行业国有博物馆展厅面积 381.87 万平方米，占建筑面积 44.72%，馆均展厅面积 0.33 万平方米；非国有博物馆展厅面积 368.95 万平方米，占建筑面积 51.93%，馆均展厅面积 0.16 万平方米。

表3-2-3 2022—2023年不同机构属性博物馆展厅情况

（单位：万平方米）

机构属性	2022年	2023年	2023年度馆均面积	2023年度占比
文化文物系统管理的博物馆	998.35	1084.18	0.32	40.03%
其他行业国有博物馆	326.32	381.87	0.33	44.72%
非国有博物馆	365.85	368.95	0.16	51.93%

注：2023年度占比为2023年度展厅面积占馆舍建筑面积的比例。

截至 2023 年底，全国国有博物馆中，中央属国有博物馆展厅面积 79.73 万平方米，馆均展厅面积 1.05 万平方米；省（自治区、直辖市）属博物馆展厅面积 219.03 万平方米，馆均展厅面积 0.63 万平方米；地市（州、盟）属博物馆展厅面积 512.61 万平方米，馆均展厅面积 0.44 万平方米；县（区、旗）及以下属博物馆展厅面积 604.12 万平方米，馆均展厅面积 0.22 万平方米；其他隶属层级博物馆展厅面积 49.85 万平方米，馆均展厅面积 0.25 万平方米。

表3-2-4　2022—2023年不同隶属层级国有博物馆展厅情况

（单位：万平方米）

隶属层级	2022年	2023年	2023年度馆均面积
中央	78.48	79.73	1.05
省（自治区、直辖市）	198.28	219.03	0.63
地市（州、盟）	455.51	512.61	0.44
县（区、旗）及以下	546.27	604.12	0.22
其他	46.12	49.85	0.25

截至 2023 年底，全国综合地志类博物馆展厅面积 436.32 万平方米，馆均展厅面积 0.42 万平方米；历史文化类博物馆展厅面积 626.01 万平方米，馆均展厅面积 0.24 万平方米；革命纪念类博物馆展厅面积 249.82 万平方米，馆均展厅面积 0.22 万平方米；自然科技类博物馆展厅面积 148.51 万平方米，馆均展厅面积 0.48 万平方米；考古遗址类博物馆展厅面积 67.02 万平方米，馆均展厅面积 0.36 万平方米；艺术类博物馆展厅面积 133.01 万平方米，馆均展厅面积 0.19 万平方米；其他类博物馆展厅面积 174.32 万平方米，馆均展厅面积 0.2 万平方米。近年来，随着人们对考古工作的关注度上升，一批考古遗址类博物馆建成开放，考古遗址类博物馆展厅面积得到增长。

表3-2-5　2022—2023年不同题材类型博物馆展厅情况

（单位：万平方米）

题材类型	2022年	2023年	2023年度馆均面积
综合地志	393.99	436.32	0.42
历史文化	601.83	626.01	0.24
革命纪念	227.15	249.82	0.22
自然科技	139.88	148.51	0.48
考古遗址	60.04	67.02	0.36
艺术	128.31	133.01	0.19
其他	139.32	174.32	0.20

第三节　库　房

　　2023年，全国博物馆库房面积呈增长趋势，从2022年的284.03万平方米增长至316.49万平方米，增长了32.46万平方米，馆均0.05万平方米。2023年，库房面积增幅前五的省份为河北、四川、海南、浙江、山东。

表3-3-1　2022—2023年全国博物馆库房面积分省（地区）情况

（单位：万平方米）

省份	2022年	2023年	2023年度馆均面积
全国	284.03	316.49	0.05
北京市	32.68	33.85	0.17
天津市	3.97	4.30	0.06
河北省	7.61	11.84	0.04
山西省	11.47	12.46	0.06
内蒙古自治区	7.55	7.72	0.05
辽宁省	7.12	7.86	0.06
吉林省	3.74	3.86	0.04
黑龙江省	5.12	5.63	0.03
上海市	8.12	8.72	0.06
江苏省	13.70	15.13	0.04
浙江省	16.95	20.07	0.05
安徽省	9.38	10.68	0.04
福建省	6.24	7.05	0.05
江西省	9.68	11.15	0.06
山东省	25.09	29.38	0.04
河南省	16.13	17.11	0.04
湖北省	10.93	12.67	0.05
湖南省	7.68	8.02	0.04
广东省	13.92	16.03	0.04
广西壮族自治区	6.61	6.91	0.05
海南省	1.86	2.21	0.05
重庆市	5.53	6.04	0.05
四川省	13.79	16.76	0.04
贵州省	4.35	4.89	0.03
云南省	6.39	6.17	0.03
西藏自治区	1.81	1.82	0.14
陕西省	12.26	12.87	0.04

续表

省份	2022年	2023年	2023年度馆均面积
甘肃省	6.85	7.49	0.03
青海省	1.77	1.86	0.04
宁夏回族自治区	1.65	1.65	0.03
新疆维吾尔自治区	3.60	3.78	0.03
新疆生产建设兵团	0.49	0.51	0.03

　　截至 2023 年底，全国国家一、二、三级博物馆库房面积 163.98 万平方米，其中国家一级博物馆库房面积 88.48 万平方米，占建筑面积 10.85%，馆均库房面积 0.43 万平方米；国家二级博物馆库房面积 48.65 万平方米，占建筑面积 7.29%，馆均库房面积 0.11 万平方米；国家三级博物馆库房面积 26.85 万平方米，占建筑面积 5.93%，馆均库房面积 0.05 万平方米。另外，未定级博物馆库房面积 152.51 万平方米，占建筑面积 6.53%，馆均库房面积 0.03 万平方米。与 2022 年相比，2023 年全国不同等级博物馆库房面积均有增长，为博物馆藏品保护提供了更加有利的条件。

表3-3-2　2022—2023年不同等级博物馆库房情况

（单位：万平方米）

等级	2022年	2023年	2023年度馆均面积	2023年度占比
一级博物馆	82.5	88.48	0.43	10.85%
二级博物馆	44.21	48.65	0.11	7.29%
三级博物馆	25.23	26.85	0.05	5.93%
未定级博物馆	132.09	152.51	0.03	6.53%

注：2023年度占比为该等级博物馆库房面积占馆舍建筑面积的比例。

　　截至 2023 年底，全国文化文物系统管理的博物馆库房面积 205.43 万平方米，占建筑面积 7.58%，馆均库房面积 0.06 万平方米；其他行业国有博物馆库房面积 44.95 万平方米，占建筑面积 5.26%，馆均库房面积 0.04 万平方米；非国有博物馆库房面积 66.11 万平方米，占建筑面积 9.30%，馆均库房面积 0.03 万平方米。

表3-3-3　2022—2023年不同机构属性博物馆库房情况

（单位：万平方米）

机构属性	2022年	2023年	2023年度馆均面积	2023年度占比
文化文物系统管理的博物馆	187.13	205.43	0.06	7.58%
其他行业国有博物馆	37.05	44.95	0.04	5.26%
非国有博物馆	59.84	66.11	0.03	9.30%

注：2023年度占比为该机构属性博物馆库房面积占馆舍建筑面积的比例。

截至 2023 年底，全国国有博物馆中，中央属国有博物馆库房面积 24.92 万平方米，馆均库房面积 0.33 万平方米；省（自治区、直辖市）属博物馆库房面积 62.2 万平方米，馆均库房面积 0.18 万平方米；地市（州、盟）属博物馆库房面积 89.63 万平方米，馆均库房面积 0.08 万平方米；县（区、旗）及以下属博物馆库房面积 67.71 万平方米，馆均库房面积 0.02 万平方米；其他隶属层级博物馆库房面积 5.92 万平方米，馆均库房面积 0.03 万平方米。

表3-3-4　2022—2023年不同隶属层级国有博物馆库房情况

（单位：万平方米）

隶属层级	2022年	2023年	2023年度馆均面积
中央	24.42	24.92	0.33
省（自治区、直辖市）	56.17	62.2	0.18
地市（州、盟）	77.24	89.63	0.08
县（区、旗）及以下	61.49	67.71	0.02
其他	4.95	5.92	0.03

截至 2023 年底，全国综合地志类博物馆库房面积 103.52 万平方米，馆均库房面积 0.1 万平方米；历史文化类博物馆库房面积 107.95 万平方米，馆均库房面积 0.04 万平方米；革命纪念类博物馆库房面积 19.75 万平方米，馆均库房面积 0.02 万平方米；自然科技类博物馆库房面积 23.78 万平方米，馆均库房面积 0.08 万平方米；考古遗址类博物馆库房面积 7.62 万平方米，馆均库房面积 0.04 万平方米；艺术类博物馆库房面积 26.14 万平方米，馆均库房面积 0.04 万平方米；其他类博物馆库房面积 27.72 万平方米，馆均库房面积 0.03 万平方米。

表3-3-5　2022—2023年不同题材类型博物馆库房情况

（单位：万平方米）

题材类型	2022年	2023年	2023年度馆均面积
综合地志	91.77	103.52	0.10
历史文化	100.12	107.95	0.04
革命纪念	17.25	19.75	0.02
自然科技	20.79	23.78	0.08
考古遗址	5.87	7.62	0.04
艺术	25.36	26.14	0.04
其他	22.87	27.72	0.03

第四章
藏品资源

第一节 总体情况

2022 年全国博物馆藏品总数 5578.02 万件/套，2023 年全国博物馆藏品总数 6333.26 万件/套，增加 755.24 万件/套，增幅 13.54%。全国博物馆馆均藏品从 2022 年的 0.85 万件/套增加至 2023 年的 0.93 万件/套。2023 年全国博物馆藏品总数超过 100 万件/套及以上的共 10 家，50 万—100 万件/套的共 5 家，10 万—50 万件/套的共 73 家，5 万—10 万件/套的共 79 家，1 万—5 万件/套的共 613 家，5 千—1 万件/套的共 504 家，低于 5 千件/套的共 5549 家。

表4-1-1 2022—2023年全国博物馆藏品分省（地区）情况

（单位：万件/套）

省份	2022年	2023年	2023年度馆均藏品数
全国	5578.02	6333.26	0.93
北京市	1420.73	1483.81	7.65
天津市	77.88	78.31	1.00
河北省	54.62	78.71	0.29
山西省	182.45	190.14	0.85
内蒙古自治区	134.97	136.59	0.83
辽宁省	89.57	106.86	0.84
吉林省	107.35	108.69	0.99
黑龙江省	108.79	131.18	0.61
上海市	334.65	427.12	3.07
江苏省	169.55	179.35	0.51
浙江省	189.64	208.1	0.47
安徽省	79.82	85.54	0.34
福建省	79.47	84.59	0.59
江西省	69.85	82.71	0.43
山东省	384.09	457.1	0.59
河南省	137.71	154.35	0.38
湖北省	213.35	297.95	1.25
湖南省	125.36	132.4	0.70
广东省	258.95	266.32	0.69
广西壮族自治区	48.62	63.46	0.43
海南省	18.34	20.1	0.43
重庆市	76.89	79.41	0.59
四川省	491.72	559.33	1.34
贵州省	25.83	33.3	0.22
云南省	166.37	169.95	0.96
西藏自治区	20.54	68.84	5.30
陕西省	308.73	396.8	1.18

续表

省份	2022年	2023年	2023年度馆均藏品数
甘肃省	97.47	113.3	0.46
青海省	19.67	52.68	1.23
宁夏回族自治区	42.2	41.35	0.64
新疆维吾尔自治区	36.66	38.27	0.28
新疆生产建设兵团	6.18	6.66	0.39

注：因部分非国有博物馆未按要求办理法人登记手续，不在年报系统中予以显示，宁夏博物馆总数小幅降低，博物馆藏品总数也同步小幅降低。

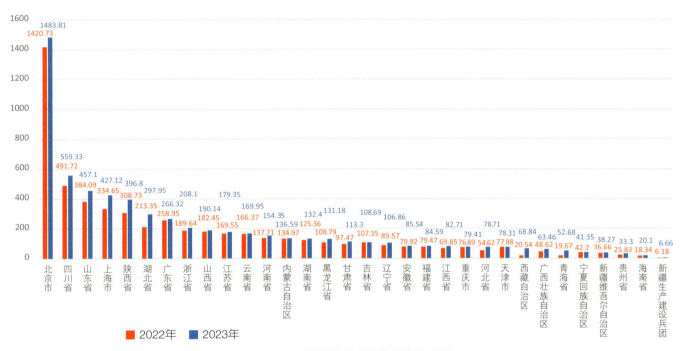

图4-1-1　2022—2023年全国博物馆藏品分省数量（单位：万件/套）

表4-1-2　2022—2023年全国博物馆藏品规模分布情况

（单位：家）

规模分布	2022年	2023年	2023年度占比
超过100万件/套	9	10	0.15%
50万—100万件/套	4	5	0.07%
10万—50万件/套	59	73	1.07%
5万—10万件/套	67	79	1.16%
1万—5万件/套	551	613	8.97%
5千—1万件/套	461	504	7.38%
低于5千件/套	5414	5549	81.21%

第二节　分类统计

截至 2023 年底，全国国家一、二、三级博物馆藏品总数 3790.05 万件 / 套，占全国博物馆藏品总数 59.84%，其中国家一级博物馆藏品总数 2159.42 万件 / 套，占全国博物馆藏品总数 34.10%，馆均藏品数 10.59 万件 / 套；国家二级博物馆藏品总数 1185.25 万件 / 套，占全国博物馆藏品总数 18.71%，馆均藏品数 2.67 万件 / 套；国家三级博物馆藏品总数 445.38 万件 / 套，占全国博物馆藏品总数 7.03%，馆均藏品数 0.79 万件 / 套。另外，未定级博物馆藏品总数 2543.22 万件 / 套，占全国博物馆藏品总数 40.16%，馆均藏品数 0.45 万件 / 套。相比 2022 年，国家二级、三级博物馆藏品总数增长较快，增幅均超过 20%。

表4-2-1　2022—2023年全国不同等级博物馆藏品数量

（单位：万件/套）

等级	2022年	2023年		
		藏品数	馆均藏品数	占比
一级博物馆	2033.29	2159.42	10.59	34.10%
二级博物馆	913.76	1185.25	2.67	18.71%
三级博物馆	363.02	445.38	0.79	7.03%
未定级博物馆	2267.95	2543.22	0.45	40.16%

截至 2023 年底，全国文化文物系统管理的博物馆藏品总数 3837.34 万件 / 套，占全国博物馆藏品总数 60.59%，馆均藏品数 1.71 万件 / 套；其他行业国有博物馆藏品总数 1523.8 万件 / 套，占全国博物馆藏品总数 24.06%，馆均藏品数 1.33 万件 / 套；非国有博物馆藏品总数 972.12 万件 / 套，占全国博物馆藏品总数 15.35%，馆均藏品数 0.28 万件 / 套。

表4-2-2　2022—2023年全国不同机构属性博物馆藏品数量

（单位：万件/套）

机构属性	2022年	2023年		
		藏品数	馆均藏品数	占比
文化文物系统管理的博物馆	3495.93	3837.34	1.71	60.59%
其他行业国有博物馆	1155.06	1523.8	1.33	24.06%
非国有博物馆	927.03	972.12	0.28	15.35%

2023 年，全国国有博物馆中，中央属博物馆藏品总数 1508.62 万件 / 套，占全国博物馆藏品总数 23.82%，馆均藏品数 19.85 万件 / 套；省（自治区、直辖市）属博物馆藏品总数 1322.95 万件 / 套，占全国博物馆藏品总数 20.89%，馆均藏品数 3.77 万件 / 套；地市（州、

盟）属博物馆藏品总数 1092.64 万件 / 套，占全国博物馆藏品总数 17.25%，馆均藏品数 0.93
万件 / 套；县（区、旗）及以下属博物馆藏品总数 824.81 万件 / 套，占全国博物馆藏品总数
13.02%，馆均藏品数 0.30 万件 / 套；其他隶属层级博物馆藏品总数 1584.24 万件 / 套，占全
国博物馆藏品总数 25.01%，馆均藏品数 0.65 万件 / 套。

表4-2-3　2022—2023年不同隶属层级国有博物馆藏品数量情况

（单位：万件/套）

隶属层级	2022年	2023年		
		藏品数	馆均藏品数	占比
中央	1261.18	1508.62	19.85	23.82%
省（自治区、直辖市）	1082.19	1322.95	3.77	20.89%
地市（州、盟）	953.06	1092.64	0.93	17.25%
县（区、旗）及以下	718.01	824.81	0.30	13.02%
其他	1563.59	1584.24	0.65	25.01%

第三节　文物修复

2022—2023 年，全国博物馆修复文物藏品总数 9.86 万件 / 套，其中修复珍贵文物 2.62 万件 / 套，占修复文物藏品总数的 26.60%。

表4-3-1　2022—2023年全国博物馆修复文物藏品分省数量

（单位：件/套）

省份	修复文物藏品数量			修复珍贵文物数量			2022—2023年修复珍贵文物占比
	2022年	2023年	总计	2022年	2023年	总计	
全国	45275	53371	98646	10385	15855	26240	26.60%
北京市	6269	6482	12751	285	1980	2265	17.76%
天津市	538	466	1004	168	158	326	32.47%
河北省	378	789	1167	34	167	201	17.22%
山西省	4620	2241	6861	1380	1931	3311	48.26%
内蒙古自治区	911	4018	4929	173	57	230	4.67%
辽宁省	470	1048	1518	178	611	789	51.98%
吉林省	480	943	1423	38	117	155	10.89%
黑龙江省	570	148	718	269	3	272	37.88%
上海市	510	514	1024	75	87	162	15.82%
江苏省	2229	1838	4067	381	235	616	15.15%
浙江省	1327	1494	2821	200	235	435	15.42%
安徽省	991	1197	2188	627	754	1381	63.12%
福建省	714	282	996	149	199	348	34.94%
江西省	1250	1357	2607	423	584	1007	38.63%
山东省	4868	6187	11055	1133	1318	2451	22.17%
河南省	523	1393	1916	191	445	636	33.19%
湖北省	2544	6597	9141	765	2056	2821	30.86%
湖南省	2763	1889	4652	1474	553	2027	43.57%
广东省	1027	1041	2068	26	376	402	19.44%
广西壮族自治区	2329	704	3033	82	242	324	10.68%
海南省	70	30	100	70	0	70	70.00%
重庆市	974	3700	4674	223	215	438	23.54%
四川省	2903	2001	4904	542	726	1268	48.65%
贵州省	265	480	745	35	64	99	13.29%
云南省	1422	1099	2521	721	756	1477	58.59%
西藏自治区	27	1	28	15	1	16	57.14%
陕西省	2503	1609	4112	240	278	518	12.60%

续表

省份	修复文物藏品数量			修复珍贵文物数量			2022—2023年修复珍贵文物占比
	2022年	2023年	总计	2022年	2023年	总计	
甘肃省	990	2287	3277	374	1288	1662	50.72%
青海省	347	68	415	20	10	30	7.23%
宁夏回族自治区	143	298	441	15	128	143	32.43%
新疆维吾尔自治区	298	1155	1453	70	272	342	23.54%
新疆生产建设兵团	22	15	37	9	9	18	48.65%

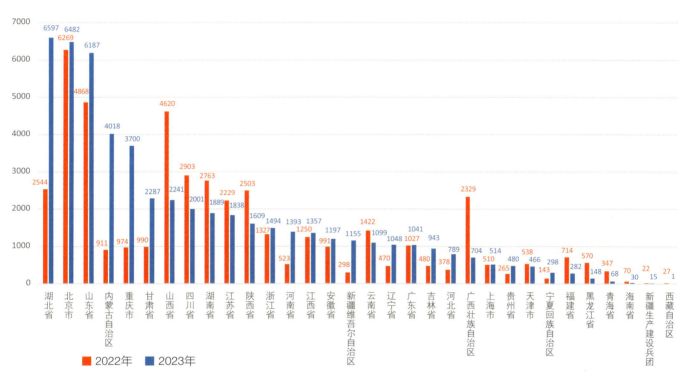

图4-3-1　2022—2023年全国博物馆修复文物藏品数量省份分布（单位：件/套）

第五章
陈列展览

第一节   总体情况

2022年，全国博物馆共推出3.28万个陈列展览（基本陈列1.75万个，临时展览1.53万个）、0.83万个线上展览。2023年，全国博物馆共推出4.24万个陈列展览（基本陈列1.92万个，临时展览2.31万个）、1.32万个线上展览，分别增长0.96万个、0.49万个，增幅29.24%、58.76%。2022年全国博物馆馆均陈列展览数4.99个、线上展览数1.27个，2023年全国博物馆馆均陈列展览数6.2个、线上展览数1.94个，分别增长24.17%、52.76%。

表5-1-1   2022—2023年全国博物馆陈列展览分省（地区）情况

（单位：个）

省份	陈列展览		线上展览	
	2022年	2023年	2022年	2023年
全国	32791	42378	8341	13242
北京市	1116	1678	243	356
天津市	333	522	152	221
河北省	1042	1608	275	282
山西省	685	834	201	337
内蒙古自治区	593	666	105	313
辽宁省	667	803	127	191
吉林省	517	691	229	396
黑龙江省	873	1209	501	800
上海市	823	1192	293	286
江苏省	1987	2489	512	556
浙江省	2441	3113	422	493
安徽省	1195	1530	250	633
福建省	1169	1402	450	349
江西省	1259	1693	579	780
山东省	3644	5221	705	1112
河南省	1574	2028	324	470
湖北省	1220	1413	150	219
湖南省	739	919	97	117
广东省	2693	3153	441	478
广西壮族自治区	495	695	59	68
海南省	185	240	17	67
重庆市	775	926	240	371
四川省	2022	2263	296	317
贵州省	533	629	95	169
云南省	1014	1211	117	174
西藏自治区	93	76	6	13
陕西省	1206	1524	385	550
甘肃省	1176	1661	905	2921

续表

省份	陈列展览		线上展览	
	2022年	2023年	2022年	2023年
青海省	163	192	47	37
宁夏回族自治区	162	225	44	68
新疆维吾尔自治区	347	491	72	89
新疆生产建设兵团	50	81	2	9

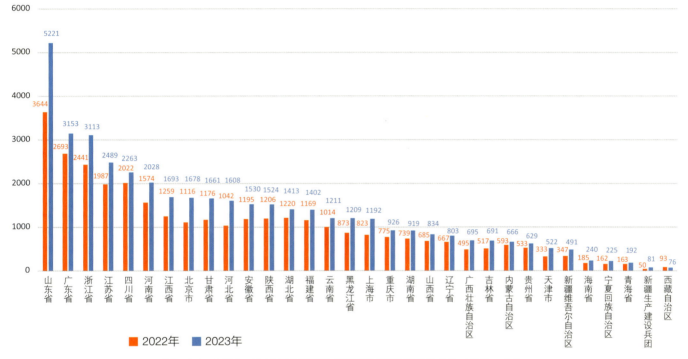

图5-1-1　2022—2023年全国博物馆陈列展览总数省份分布（单位：个）

2022—2023年，长江经济带省份、黄河流域省份推出的陈列展览和线上展览数量占比较高，体现出文物资源聚集对陈列展览的支撑作用。京津冀地区推出陈列展览数量增幅较大，展览活跃度较高。

表5-1-2　2022—2023年不同区域博物馆陈列展览情况

（单位：个）

区域	陈列展览		线上展览	
	2022年	2023年	2022年	2023年
京津冀地区	2491	3808	670	859
长三角地区	6446	8324	1477	1968
长江经济带省份	14008	17378	3051	4115
黄河流域省份	11225	14614	3012	6125

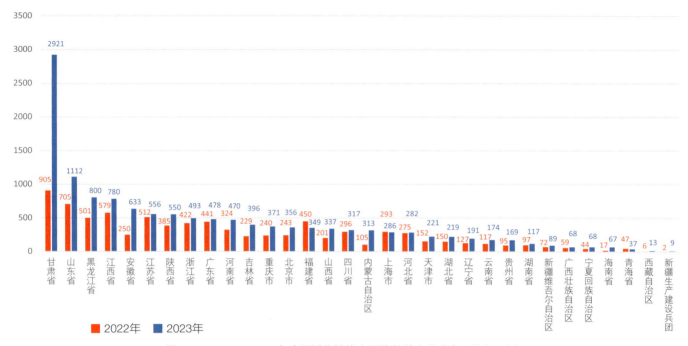

图5-1-2　2022—2023年全国博物馆线上展览总数省份分布（单位：个）

2022—2023 年，全国国家一、二、三级博物馆和未定级博物馆推出陈列展览和线上展览数量普遍实现稳定增长。2022 年国家一、二、三级博物馆推出陈列展览 12390 个、线上展览 3989 个，未定级博物馆推出陈列展览 20401 个、线上展览 4352 个；2023 年国家一、二、三级博物馆推出陈列展览 15916 个、线上展览 5474 个，未定级博物馆推出陈列展览 26462 个、线上展览 7768 个。

表5-1-3　2022—2023年不同等级博物馆陈列展览情况

（单位：个）

等级	陈列展览		线上展览	
	2022年	2023年	2022年	2023年
一级博物馆	3936	5107	1241	1861
二级博物馆	4517	5737	1338	1765
三级博物馆	3937	5072	1410	1848
未定级博物馆	20401	26462	4352	7768

2022—2023 年，全国文化文物系统管理的博物馆推出陈列展览和线上展览数占全国博物馆陈列展览和线上展览总数比例较高，2022 年推出陈列展览和线上展览数占比 60.16%、73.38%，2023 年推出陈列展览和线上展览数占比 59.94%、72.50%。

表5-1-4　2022—2023年不同机构属性博物馆陈列展览情况

（单位：个）

机构属性	陈列展览		线上展览	
	2022年	2023年	2022年	2023年
文化文物系统管理的博物馆	19728	25403	6121	9600
其他行业国有博物馆	4377	6123	1023	1356
非国有博物馆	8686	10852	1197	2286

2022—2023年，全国不同隶属层级的国有博物馆推出的陈列展览和线上展览数多数实现增长，其中增长最快的是中央属博物馆，增幅分别为160.21%、142.68%。同时从2023年数据看，县（区、旗）及以下属博物馆推出的陈列展览和线上展览数占国有博物馆陈列展览和线上展览总数比例最大，分别为48.28%、55.09%。

表5-1-5　2022—2023年不同隶属层级国有博物馆陈列展览情况

（单位：个）

隶属层级	陈列展览		线上展览	
	2022年	2023年	2022年	2023年
中央	382	994	82	199
省（自治区、直辖市）	2598	4043	865	1147
地市（州、盟）	7588	10157	2309	3449
县（区、旗）及以下	11673	15222	3740	6036
其他	1864	1110	148	125

2022—2023年，不同题材博物馆在陈列展览和线上展览数量方面普遍有所增长，综合地志、历史文化、革命纪念类博物馆两年陈列展览总数和线上展览总数占比均较高，分别占全国博物馆陈列展览总数和线上展览总数的73.84%、79.89%。

表5-1-6　2022—2023年不同题材类型博物馆陈列展览情况

（单位：个）

题材类型	陈列展览		线上展览	
	2022年	2023年	2022年	2023年
综合地志	8451	10669	2727	3923
历史文化	11775	15003	2974	5245
革命纪念	4141	5462	972	1401
自然科技	1587	1975	307	517
考古遗址	659	910	145	285
艺术	3424	4249	642	1121
其他	2754	4110	574	750

第二节　基本陈列

2022 年全国博物馆在展基本陈列 1.75 万个，占全国陈列展览的 53.37%。2023 年全国博物馆在展基本陈列 1.92 万个，占全国陈列展览的 45.39%，增长 1737 个，增幅达 9.93%，其中 2023 年基本陈列数排名前十的省份分别是山东（2780 个）、四川（1261 个）、浙江（1255 个）、广东（1064 个）、江苏（965 个）、河南（916 个）、陕西（902 个）、湖北（755 个）、河北（750 个）、安徽（729 个）。2022 年全国博物馆馆均基本陈列数 2.67 个，2023 年全国博物馆馆均基本陈列数 2.82 个，增幅 5.62%。

表5-2-1　2022—2023年全国博物馆基本陈列分省（地区）情况

（单位：个）

省份	基本陈列		馆均基本陈列	
	2022年	2023年	2022年	2023年
全国	17500	19237	2.67	2.82
北京市	543	599	3.02	3.09
天津市	190	218	2.57	2.79
河北省	512	750	2.50	2.73
山西省	452	469	2.07	2.08
内蒙古自治区	418	420	2.42	2.55
辽宁省	380	395	3.14	3.11
吉林省	259	272	2.42	2.47
黑龙江省	472	529	2.21	2.46
上海市	390	408	2.93	2.94
江苏省	926	965	2.65	2.73
浙江省	1089	1255	2.50	2.83
安徽省	606	729	2.59	2.94
福建省	397	434	2.78	3.01
江西省	538	595	2.77	3.10
山东省	2443	2780	3.44	3.59
河南省	881	916	2.23	2.28
湖北省	718	755	3.04	3.17
湖南省	377	410	2.08	2.17
广东省	1048	1064	2.78	2.76
广西壮族自治区	319	384	2.31	2.59
海南省	116	151	2.76	3.21
重庆市	332	362	2.55	2.70
四川省	1220	1261	3.00	3.02
贵州省	317	337	2.14	2.19

续表

省份	基本陈列		馆均基本陈列	
	2022年	2023年	2022年	2023年
云南省	669	704	3.66	3.98
西藏自治区	63	43	4.85	3.31
陕西省	854	902	2.53	2.68
甘肃省	476	561	2.02	2.26
青海省	134	121	3.27	2.81
宁夏回族自治区	82	101	1.21	1.55
新疆维吾尔自治区	241	291	1.91	2.24
新疆生产建设兵团	38	56	2.14	3.29

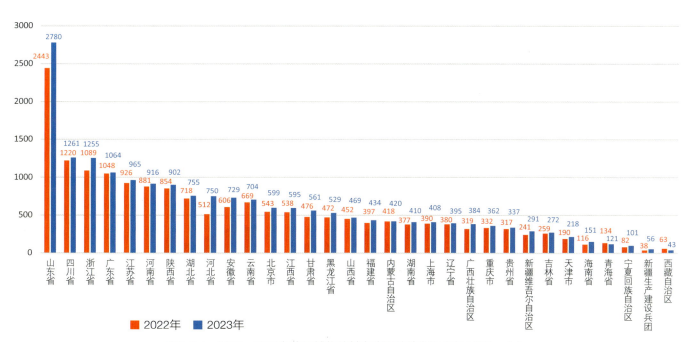

图5-2-1　2022—2023年全国博物馆基本陈列总数省份分布（单位：个）

第三节　临时展览

2022—2023 年，全国博物馆共举办临时展览 3.84 万个，其中 2022 年举办 1.53 万个，2023 年举办临时展览 2.31 万个，增长 7850 个，增幅 51.34%。2022 年全国博物馆馆均临时展览数 2.33 个，2023 年全国博物馆馆均临时展览数 3.39 个。两年举办临时展览总数全国排名前十的省份分别为广东（3734 个）、山东（3642 个）、浙江（3210 个）、江苏（2585 个）、江西（1819 个）、河南（1805 个）、四川（1804 个）、甘肃（1800 个）、福建（1740 个）、北京（1652 个）。

表5-3-1　2022—2023年全国博物馆临时展览分省（地区）情况

（单位：个）

省份	临时展览总数			馆均临时展览数	
	2022年	2023年	合计	2022年	2023年
全国	15291	23141	38432	2.33	3.39
北京市	573	1079	1652	3.18	5.56
天津市	143	304	447	1.93	3.90
河北省	530	858	1388	2.59	3.12
山西省	233	365	598	1.07	1.62
内蒙古自治区	175	246	421	1.01	1.49
辽宁省	287	408	695	2.37	3.21
吉林省	258	419	677	2.41	3.81
黑龙江省	401	680	1081	1.87	3.16
上海市	433	784	1217	3.26	5.64
江苏省	1061	1524	2585	3.04	4.31
浙江省	1352	1858	3210	3.11	4.19
安徽省	589	801	1390	2.52	3.23
福建省	772	968	1740	5.40	6.72
江西省	721	1098	1819	3.72	5.72
山东省	1201	2441	3642	1.69	3.15
河南省	693	1112	1805	1.75	2.77
湖北省	502	658	1160	2.13	2.76
湖南省	362	509	871	2.00	2.69
广东省	1645	2089	3734	4.36	5.43
广西壮族自治区	176	311	487	1.28	2.10
海南省	69	89	158	1.64	1.89
重庆市	443	564	1007	3.41	4.21

续表

省份	临时展览总数			馆均临时展览数	
	2022年	2023年	合计	2022年	2023年
四川省	802	1002	1804	1.98	2.40
贵州省	216	292	508	1.46	1.90
云南省	345	507	852	1.89	2.86
西藏自治区	30	33	63	2.31	2.54
陕西省	352	622	974	1.04	1.85
甘肃省	700	1100	1800	2.97	4.44
青海省	29	71	100	0.71	1.65
宁夏回族自治区	80	124	204	1.18	1.91
新疆维吾尔自治区	106	200	306	0.84	1.47
新疆生产建设兵团	12	25	37	0.71	1.47

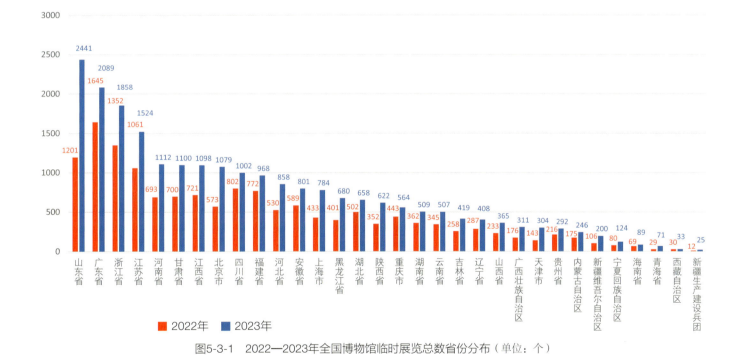

图5-3-1　2022—2023年全国博物馆临时展览总数省份分布（单位：个）

2022—2023 年全国国家一、二、三级博物馆举办临时展览 18448 个，占全国博物馆临时展览总数 48.00%。其中国家一级博物馆举办临时展览 6445 个，占临时展览总数 16.77%，2023 年馆均 18.46 个；国家二级博物馆举办临时展览 6682 个，占比 17.39%，2023 年馆均 8.75 个；国家三级博物馆举办临时展览 5321 个，占比 13.85%，2023 年馆均 5.68 个；未定级博物馆举办临时展览 19984 个，占比 52.00%，2023 年馆均 2.19 个。

表5-3-2　2022—2023年不同等级博物馆临时展览情况

（单位：个）

等级	2022年	2023年	总计	2022—2023年占比
一级博物馆	2679	3766	6445	16.77%
二级博物馆	2795	3887	6682	17.39%
三级博物馆	2134	3187	5321	13.85%
未定级博物馆	7683	12301	19984	52.00%

2022—2023年，全国文化文物系统管理的博物馆举办临时展览26504个，占临时展览总数的68.96%，2023年馆均4.56个；其他行业国有博物馆举办临时展览4456个，占临时展览总数的11.59%，2023年馆均2.47个；非国有博物馆举办临时展览7472个，占临时展览总数的19.44%，2023年馆均2.06个。

表5-3-3　2022—2023年不同机构属性博物馆临时展览情况

（单位：个）

机构属性	2022年	2023年	总计	2022—2023年占比
文化文物系统管理的博物馆	10829	15675	26504	68.96%
其他行业国有博物馆	1618	2838	4456	11.59%
非国有博物馆	2844	4628	7472	19.44%

2022—2023年，全国国有博物馆中，中央属博物馆举办临时展览1030个，占国有博物馆临时展览总数的3.33%，2023年馆均9.48个；省（自治区、直辖市）属博物馆举办临时展览4402个，占比14.22%，2023年馆均7.70个；地市（州、盟）属博物馆举办临时展览11220个，占比36.24%，2023年馆均5.58个；县（区、旗）及以下属博物馆举办临时展览13626个，占比44.01%，2023年馆均2.90个；其他隶属层级博物馆举办临时展览682个，占比2.20%，2023年馆均2.36个。

表5-3-4　2022—2023年不同隶属层级国有博物馆临时展览情况

（单位：个）

隶属层级	2022年	2023年	总计	2022—2023年占比
中央	312	718	1030	3.33%
省（自治区、直辖市）	1722	2680	4402	14.22%
地市（州、盟）	4650	6570	11220	36.24%
县（区、旗）及以下	5543	8083	13626	44.01%
其他	220	462	682	2.20%

2022—2023 年，综合地志、历史文化类博物馆两年举办临时展览占全国博物馆临时展览总数比例较高，分别为 31.17%、32.43%。

表5-3-5 2022—2023年不同题材类型博物馆临时展览情况

（单位：个）

题材类型	2022年	2023年	总计	2022—2023年占比
综合地志	5039	6941	11980	31.17%
历史文化	4935	7528	12463	32.43%
革命纪念	1868	2976	4844	12.60%
自然科技	545	841	1386	3.61%
考古遗址	355	555	910	2.37%
艺术	1710	2544	4254	11.07%
其他	839	1756	2595	6.75%

第四节　进出境展览

2022—2023 年，全国博物馆共举办、参与进出境展览 580 馆次 [1]，其中 2022 年举办 154 馆次，2023 年举办 426 馆次，增长 272 馆次，增幅 176.62%。相比 2022 年，进境展览和出境展览均有大幅增长，分别达 130.49%、229.17%。

表5-4-1　2022—2023年全国博物馆进出境展览分省（地区）情况

（单位：馆次）

省份	2022年			2023年		
	总数	进境展	出境展	总数	进境展	出境展
全国	154	82	72	426	189	237
北京市	34	15	19	48	21	27
天津市	0	0	0	7	5	2
河北省	2	1	1	12	7	5
山西省	2	1	1	2	1	1
内蒙古自治区	0	0	0	11	11	0
辽宁省	3	1	2	3	2	1
吉林省	0	0	0	1	0	1
黑龙江省	0	0	0	20	0	20
上海市	16	11	5	23	13	10
江苏省	12	6	6	55	17	38
浙江省	18	13	5	35	18	17
安徽省	1	1	0	4	4	0
福建省	1	0	1	22	6	16
江西省	1	1	0	11	4	7
山东省	11	6	5	36	10	26
河南省	2	2	0	10	4	6
湖北省	2	1	1	13	11	2
湖南省	3	2	1	3	2	1
广东省	11	8	3	26	15	11
广西壮族自治区	1	1	0	15	11	4
海南省	0	0	0	1	1	0
重庆市	2	1	1	1	1	0

[1]　馆次数量指博物馆主办或参与举办的进出境展览次数。

续表

省份	2022年			2023年		
	总数	进境展	出境展	总数	进境展	出境展
四川省	9	6	3	21	7	14
贵州省	0	0	0	4	2	2
云南省	0	0	0	2	2	0
西藏自治区	2	1	1	1	0	1
陕西省	20	3	17	13	3	10
甘肃省	1	1	0	20	9	11
青海省	0	0	0	1	0	1
宁夏回族自治区	0	0	0	1	1	0
新疆维吾尔自治区	0	0	0	4	1	3

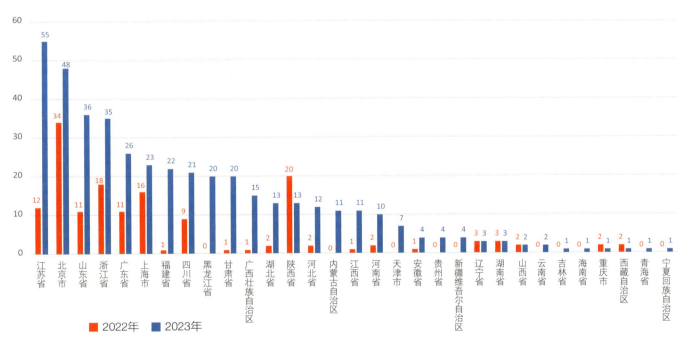

图5-4-1 2022—2023年全国博物馆进出境展览总数省份分布（单位：馆次）

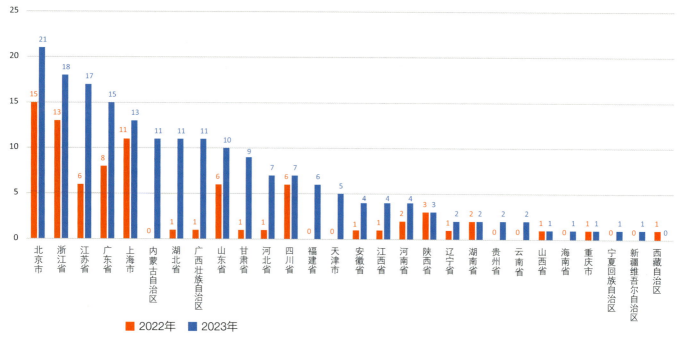

图5-4-2　2022—2023年全国博物馆进境展览总数省份分布（单位：馆次）

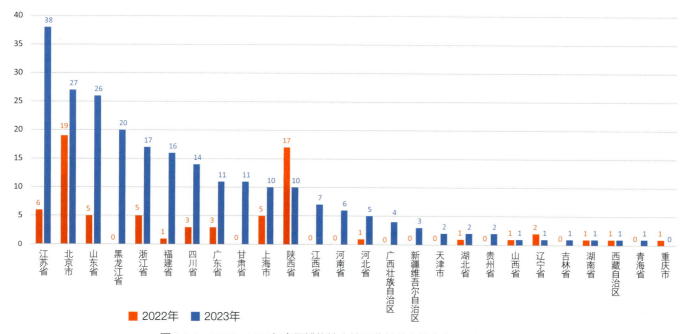

图5-4-3　2022—2023年全国博物馆出境展览总数省份分布（单位：馆次）

第六章
研究教育

第一节 学术研究

2022 年，全国博物馆实施科研项目 2894 个，国际合作项目 317 个，开展国际人员交流 0.56 万人次，推出出版物 2259 本。2023 年，全国博物馆实施科研项目 3547 个，国际合作项目数为 550 个，开展国际人员交流 1.91 万人次，推出出版物 3044 本。与 2022 年相比，2023 年全国博物馆科研项目增长 22.56%，国际合作项目增长 73.50%，国际人员交流增长 241.07%，出版物增长 34.75%。

表6-1-1　2022—2023年全国博物馆科研分省（地区）情况

省份	科研项目（个）		出版物（本）	
	2022年	2023年	2022年	2023年
全国	2894	3547	2259	3044
北京市	346	483	372	341
天津市	11	16	26	24
河北省	30	57	50	233
山西省	72	53	82	102
内蒙古自治区	25	47	53	38
辽宁省	84	78	46	57
吉林省	37	29	15	26
黑龙江省	57	51	33	37
上海市	137	151	144	129
江苏省	128	202	135	183
浙江省	154	155	172	236
安徽省	66	59	51	46
福建省	49	36	28	47
江西省	88	85	65	96
山东省	249	358	142	314
河南省	243	317	84	107
湖北省	25	126	57	138
湖南省	109	96	91	119
广东省	148	183	90	115
广西壮族自治区	60	70	20	26
海南省	1	6	11	15
重庆市	172	132	85	131

续表

省份	科研项目（个）		出版物（本）	
	2022年	2023年	2022年	2023年
四川省	275	216	133	167
贵州省	11	15	30	40
云南省	61	68	39	41
西藏自治区	0	4	4	8
陕西省	133	72	76	97
甘肃省	99	338	103	91
青海省	2	1	4	18
宁夏回族自治区	11	17	4	9
新疆维吾尔自治区	11	26	14	12
新疆生产建设兵团	0	0	0	1

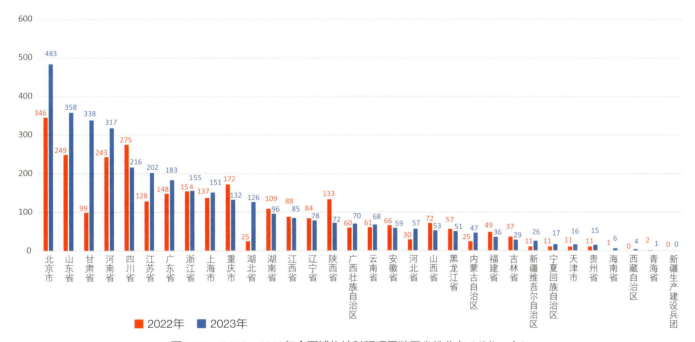

图6-1-1 2022—2023年全国博物馆科研项目数量省份分布（单位：个）

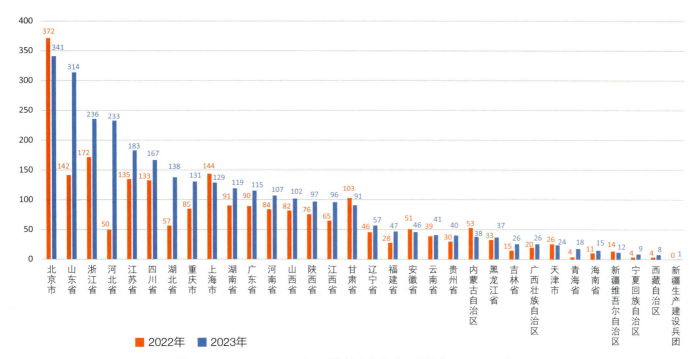

图6-1-2　2022—2023年全国博物馆出版物数量省份分布（单位：本）

第二节　社会教育

2022 年，全国博物馆教育活动总数 27.3 万场，馆均 41.59 场。2023 年，全国博物馆教育活动总数 42.89 万场，馆均 62.77 场。与 2022 年相比，2023 年全国教育活动总数增长 57.10%，馆均教育活动增长 50.94%。2022—2023 年，教育活动总数前十名的省份是北京（6.98 万场）、山东（5.47 万场）、上海（5.10 万场）、浙江（4.99 万场）、江苏（4.57 万场）、广东（4.51 万场）、四川（4.38 万场）、湖南（3.34 万场）、河南（3.31 万场）、湖北（2.51 万场）。

表6-2-1　2022—2023年全国博物馆教育活动分省（地区）情况

（单位：场）

省份	教育活动			馆均教育活动	
	2022年	2023年	总计	2022年	2023年
全国	273024	428930	701954	41.59	62.77
北京市	27381	42455	69836	152.12	218.84
天津市	2790	7646	10436	37.70	98.03
河北省	5321	7932	13253	25.96	28.84
山西省	6673	8787	15460	30.61	39.05
内蒙古自治区	3637	7363	11000	21.02	44.62
辽宁省	4406	6653	11059	36.41	52.39
吉林省	2306	5574	7880	21.55	50.67
黑龙江省	5103	6079	11182	23.85	28.27
上海市	14198	36752	50950	106.75	264.40
江苏省	19705	25985	45690	56.46	73.40
浙江省	19831	30105	49936	45.59	67.96
安徽省	5827	11419	17246	24.90	46.04
福建省	4168	5566	9734	29.15	38.65
江西省	7494	11602	19096	38.63	60.43
山东省	23375	31358	54733	32.88	40.51
河南省	12849	20241	33090	32.53	50.35
湖北省	9016	16054	25070	38.20	67.45
湖南省	14207	19148	33355	78.49	101.31
广东省	15022	30031	45053	39.85	78.00
广西壮族自治区	3602	6188	9790	26.10	41.81
海南省	313	1273	1586	7.45	27.09
重庆市	7370	14333	21703	56.69	106.96
四川省	19588	24167	43755	48.25	57.95
贵州省	5835	9135	14970	39.43	59.32

续表

省份	教育活动			馆均教育活动	
	2022年	2023年	总计	2022年	2023年
云南省	6559	6552	13111	35.84	37.02
西藏自治区	296	1552	1848	22.77	119.38
陕西省	9703	12418	22121	28.79	36.85
甘肃省	8915	14635	23550	37.78	59.01
青海省	1001	1084	2085	24.41	25.21
宁夏回族自治区	2026	2159	4185	29.79	33.22
新疆维吾尔自治区	3503	4193	7696	27.80	30.83
新疆生产建设兵团	1004	491	1495	59.06	28.88

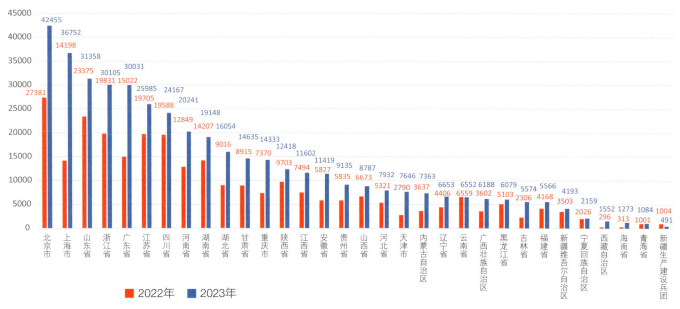

图6-2-1　2022—2023年全国博物馆教育活动情况（单位：场）

2022—2023 年，全国国家一、二、三级博物馆开展教育活动总数 32.97 万场，其中 2022 年 12.88 万场，馆均 106.53 场，2023 年 20.09 万场，馆均 166.2 场。2022—2023 年，国家一级博物馆开展教育活动 17.12 万场，其中 2023 年馆均 498.57 场；国家二级博物馆开展教育活动 9.22 万场，其中 2023 年馆均 128.94 场；国家三级博物馆开展教育活动 6.64 万场，其中 2023 年馆均 74.82 场；未定级博物馆开展教育活动 37.22 万场，其中 2023 年馆均 40.54 场。

表6-2-2 2022—2023年全国不同等级博物馆教育活动情况

（单位：场）

等级	教育活动			馆均教育活动	
	2022年	2023年	总计	2022年	2023年
一级博物馆	69452	101709	171161	340.45	498.57
二级博物馆	34908	57248	92156	78.62	128.94
三级博物馆	24436	41975	66411	43.56	74.82
未定级博物馆	144228	227998	372226	26.93	40.54

2022—2023年，全国国有博物馆开展教育活动总数61.59万场，占全国博物馆教育活动总数的87.73%。其中2022年23.46万场，馆均53.43场，2023年38.13万场，馆均83.14场。2022—2023年，全国文化文物系统管理的博物馆开展教育活动42.29万场，其中2023年馆均75.66场；其他行业国有博物馆开展教育活动19.29万场，其中2023年馆均105.54场；非国有博物馆开展教育活动8.61万场，其中2023年馆均21.21场。

表6-2-3 2022—2023年不同机构属性博物馆教育活动情况

（单位：场）

机构属性	教育活动			馆均教育活动	
	2022年	2023年	总计	2022年	2023年
文化文物系统管理的博物馆	162819	260116	422935	48.16	75.66
其他行业国有博物馆	71755	121165	192920	71.11	105.54
非国有博物馆	38450	47649	86099	17.68	21.21

2022—2023年，中央属博物馆开展教育活动4.78万场，其中2023年馆均341.7场；省（自治区、直辖市）属博物馆开展教育活动14.22万场，其中2023年馆均279.28场；地市（州、盟）属博物馆开展教育活动20.09万场，其中2023年馆均104.88场；县（区、旗）及以下属博物馆开展教育活动21.43万场，其中2023年馆均45.71场；其他隶属层级博物馆开展教育活动1.06万场，其中2023年馆均34.46场。

表6-2-4 2022—2023年不同隶属层级国有博物馆教育活动情况

（单位：场）

隶属层级	教育活动			馆均教育活动	
	2022年	2023年	总计	2022年	2023年
中央	21855	25969	47824	307.82	341.7
省（自治区、直辖市）	44454	97749	142203	136.36	279.28
地市（州、盟）	77600	123333	200933	70.04	104.88
县（区、旗）及以下	86856	127475	214331	32.17	45.71
其他	3809	6755	10564	20.59	34.46

2022—2023 年，全国综合地志类博物馆开展教育活动 14.52 万场，其中 2023 年馆均 86.57 场；历史文化类博物馆开展教育活动 18.69 万场，其中 2023 年馆均 45.55 场；革命纪念类博物馆开展教育活动 17.83 万场，其中 2023 年馆均 95.09 场；自然科技类博物馆开展教育活动 10.45 万场，其中 2023 年馆均 222.43 场；考古遗址类博物馆开展教育活动 1.66 万场，其中 2023 年馆均 57.3；艺术类博物馆开展教育活动 3.37 万场，其中 2023 年馆均 31.09 场；其他类博物馆开展教育活动 3.68 万场，其中 2023 年馆均 26.42 场。

表6-2-5 2022—2023年不同题材类型博物馆教育活动情况

（单位：场）

题材类型	教育活动			馆均教育活动	
	2022年	2023年	总计	2022年	2023年
综合地志	54417	90738	145155	50.08	86.57
历史文化	74364	112517	186881	29.60	45.55
革命纪念	73293	105040	178333	67.15	95.09
自然科技	40271	64207	104478	80.27	222.43
考古遗址	5948	10637	16585	34.40	57.30
艺术	12192	21539	33731	18.37	31.09
其他	12539	24252	36791	42.95	26.42

第三节　传播推广

2022 年全国博物馆网站浏览量 9.48 亿人次，新媒体浏览量 175.92 亿人次，新媒体关注量 2.49 亿人次。2023 年全国博物馆网站浏览量 19.98 亿人次，新媒体浏览量 248.52 亿人次，新媒体关注量 6.84 亿人次，增幅分别达 110.68%、41.27%、174.62%，博物馆与公众沟通联系日益紧密。

表6-3-1　2022—2023年全国博物馆推广传播情况

（单位：万人次）

推广传播数据	2022年	2023年
网站浏览量	94826.23	199783.14
新媒体浏览量	1759158.04	2485151.18
新媒体关注量	24919.40	68434.07

2022—2023 年，全国国家一、二、三级博物馆和未定级博物馆网站浏览量、新媒体浏览量、新媒体关注量均大幅上涨。相比 2022 年，2023 年国家一、二、三级博物馆网站浏览量 16.38 亿人次，占比 82.01%，同比增长 119.68%；新媒体浏览量 209.25 亿人次，占比 84.21%，同比增长 29.8%；新媒体关注量 5.55 亿人次，占比 81.03%，同比增长 118.63%。未定级博物馆网站浏览量 3.59 亿人次，占比 17.99%，同比增长 77.54%；新媒体浏览量 39.26 亿人次，占比 15.8%，同比增长 167.04%；新媒体关注量 1.30 亿人次，占比 18.97%，同比增长 127.47%

表6-3-2　2022—2023年不同等级类型博物馆推广传播情况

（单位：万人次）

等级	网站浏览量		新媒体浏览量		新媒体关注量	
	2022年	2023年	2022年	2023年	2022年	2023年
一级博物馆	53619.63	132295.45	1501359.12	1798531.63	15574.44	49490.98
二级博物馆	15782.81	24346.89	89656.93	235821.78	2331.43	3948.74
三级博物馆	5177.73	7196.1	21108.86	58166.17	1306.69	2012.95
未定级博物馆	20246.05	35944.7	147033.13	392631.6	5706.84	12981.4

第七章
开放服务

第一节　总体情况

2022 年全国博物馆接待观众总数 5.78 亿人次，其中未成年观众总数 1.47 亿人次。2023
年全国博物馆接待观众总数 12.92 亿人次，增长 7.14 亿人次，增幅 123.52%，其中未成年观
众总数 3.15 亿人次，增长 1.68 亿人次，增幅 114.08%。2023 年接待观众总数 100 万人次
以上的共计 239 家，50 万—100 万人次的共计 297 家，10 万—50 万人次的共计 1876 家，
5 万—10 万人次的共计 998 家，1 万—5 万人次的共计 1862 家，少于或等于 1 万人次的共计
1561 家。

表7-1-1　2022—2023年全国博物馆观众数量分省（地区）情况

（单位：万人次）

省份	年度观众总数		未成年观众总数	
	2022年	2023年	2022年	2023年
全国	57796.58	129185.21	14711.21	31493.46
北京市	2622.88	9108.79	421.98	1553.29
天津市	351.55	1507.46	111.93	367.15
河北省	1734.43	3865.51	489.62	1065.93
山西省	1110.33	3096.10	243.45	710.17
内蒙古自治区	528.03	1770.72	143.87	495.14
辽宁省	922.08	3367.61	194.51	727.4
吉林省	405.3	1176.43	95.77	272.18
黑龙江省	939.21	2114.76	155.8	457.54
上海市	971.46	3099.12	207.67	687.46
江苏省	5050.46	11906.29	1197.33	2580.21
浙江省	3445.58	6866.78	989.26	1744.83
安徽省	1466.34	3193.71	369.49	943.1
福建省	1432.54	3069.05	397.47	892.85
江西省	3258	5245.70	1089.68	1645.1
山东省	4252.05	8727.00	1415.27	3049.16
河南省	3606.64	7372.14	1049.27	2082.55
湖北省	2275.76	4859.26	579.03	1291.36
湖南省	4676.51	6867.92	1228.81	1962.56
广东省	3416.18	7955.47	803.99	1798.5
广西壮族自治区	1423.36	2654.34	386.67	773.42
海南省	175.61	570.56	30.04	122.59
重庆市	1783.38	3803.26	503.01	809.06
四川省	4757.63	8540.10	1026.24	1802.24
贵州省	1167.59	2342.63	227.32	400.29
云南省	1094.54	2479.94	237.55	556.23
西藏自治区	138.99	374.38	9.49	16.07

续表

省份	年度观众总数		未成年观众总数	
	2022年	2023年	2022年	2023年
陕西省	1890.6	7136.74	352.88	1122.36
甘肃省	1689.31	3748.91	478.83	1004.01
青海省	113.83	285.20	19.62	60.86
宁夏回族自治区	409.58	707.80	86.39	183.51
新疆维吾尔自治区	543.58	1151.01	31.69	42.29
新疆生产建设兵团	143.26	220.54	137.29	274.04

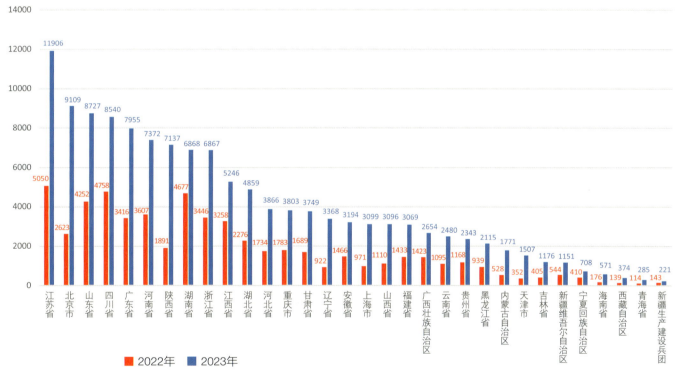

图7-1-1　2022—2023年全国博物馆观众总数（单位：万人次）

表7-1-2　2022—2023年全国博物馆观众数量规模分布情况

（单位：家）

规模分布	2022年	2023年	2023年度占比
超过100万人次	52	239	3.50%
50万—100万人次	111	297	4.35%
10万—50万人次	1303	1876	27.45%
5万—10万人次	914	998	14.61%
1万—5万人次	1953	1862	27.25%
少于或等于1万人次	2232	1561	22.85%

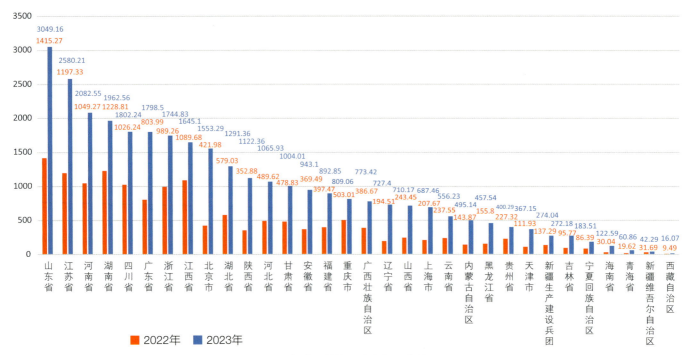

图7-1-2　2022—2023年全国博物馆未成年观众数（单位：万人次）

2022—2023 年，全国国家一、二、三级博物馆和未定级博物馆接待观众总数和未成年观众总数均大幅增长。相比 2022 年，2023 年国家一、二、三级博物馆年接待观众总数 6.94 亿人次，占比 53.70%，同比增长 143.31%，接待未成年观众总数 1.74 亿人次，占比 55.13%，同比增长 131.59%；未定级博物馆年接待观众总数 5.98 亿人次，占比 46.30%，同比增长 104.24%，接待未成年观众总数 1.41 亿人次，占比 44.87%，同比增长 95.89%。

表7-1-3　2022—2023年不同等级博物馆观众数量情况

（单位：万人次）

等级	年度观众总数		未成年观众总数	
	2022年	2023年	2022年	2023年
一级博物馆	11671.44	32880.69	2636.64	7068.18
二级博物馆	9412.81	22071.45	2692.46	6204.09
三级博物馆	7429.2	14424.27	2167.72	4089.27
未定级博物馆	29283.14	59808.78	7214.39	14131.91

2022—2023 年，全国文化文物系统管理的博物馆接待观众总数和接待未成年观众总数占比均较高，2022 年接待观众总数和接待未成年观众总数占比 71.39%、74.31%，2023 年接待观众总数和接待未成年观众总数占比 70.07%、72.48%。相比 2022 年，2023 年全国文化文物系统管理的博物馆和其他行业国有博物馆接待观众总数和接待未成年观众总数增幅均超过 100%。

表7-1-4 2022—2023年不同机构属性博物馆观众数量情况

（单位：万人次）

机构属性	年度观众总数		未成年观众总数	
	2022年	2023年	2022年	2023年
文化文物系统管理的博物馆	41260.93	90251.2	10931.58	22825.58
其他行业国有博物馆	9825.26	27363.84	2110.53	5618.31
非国有博物馆	6710.38	11300.85	1669.09	3049.57

2022—2023 年，除其他隶属层级的博物馆外，全国不同隶属层级的国有博物馆接待观众总数和接待未成年观众总数均实现增长，其中增长最快的是中央所属博物馆，同时从 2023 年数据看，地市（州、盟）所属博物馆接待观众总数占国有博物馆接待观众总数最多，达 39.91%，县（区、旗）及以下所属博物馆接待未成年观众总数占比最大，达 40.64%。

表7-1-5 2022—2023年不同隶属层级国有博物馆观众数量情况

（单位：万人次）

隶属层级	年度观众总数		未成年观众总数	
	2022年	2023年	2022年	2023年
中央	1413.1	6042.19	200.85	1391.28
省（自治区、直辖市）	6549.73	19993.26	1632.07	4390.68
地市（州、盟）	18125.88	47050.44	4432.13	10793.87
县（区、旗）及以下	22314.62	43403.83	6303.62	11558.97
其他	2682.87	1394.64	473.44	309.09

2022—2023 年，不同题材博物馆接待观众总数和接待未成年观众总数均大幅增长，综合地志、历史文化、革命纪念类博物馆两年接待观众总数和接待未成年观众总数占比均较高，分别达全国博物馆接待观众总数和接待未成年观众总数的 79.91%、80.10%。

表7-1-6 2022—2023年不同题材类型博物馆观众数量情况

（单位：万人次）

题材类型	年度观众总数		未成年观众总数	
	2022年	2023年	2022年	2023年
综合地志	12824.55	27681.99	4133.93	8050.98
历史文化	17545.12	41260.16	4093.39	9319.34
革命纪念	16478.35	33625.47	3753.69	7659.31
自然科技	3447.66	7402.22	1152.90	2626.8
考古遗址	2010.11	6916.73	397.71	1091.29
艺术	2611.12	5824.50	555.61	1239.04
其他	2879.66	6474.13	623.98	1506.7

第二节　免费开放

2022 年，全国博物馆免费开放数为 5963 家，免费开放率 90.83%；2023 年全国博物馆免费开放数为 6248 家，增长了 285 家，增幅为 4.78%，免费开放率 91.44%，比 2022 年提高了 0.61 个百分点。2022 年，中央宣传部、财政部、文化和旅游部、国家文物局联合启动了第四批中央补助地方博物馆、纪念馆免费开放名单调整工作，调整后新增纳入免费开放名单博物馆、纪念馆 366 家，总计达到 2222 家，占 2023 年全国免费开放博物馆 35.56%。

表7-2-1　2022—2023年全国博物馆免费开放分省（地区）情况

（单位：家）

省份	免费开放数量			中央免费开放补助博物馆、纪念馆	
	2022年	2023年	2023年度免费开放率	数量	2023年度占比
全国	5963	6248	91.44%	2222	35.56%
北京市	119	131	67.53%	25	19.08%
天津市	54	57	73.08%	11	19.30%
河北省	191	260	94.55%	64	24.62%
山西省	184	186	82.67%	48	25.81%
内蒙古自治区	172	164	99.39%	60	36.59%
辽宁省	106	114	89.76%	51	44.74%
吉林省	98	101	91.82%	52	51.49%
黑龙江省	208	212	98.60%	86	40.57%
上海市	103	109	78.42%	30	27.52%
江苏省	303	312	88.14%	117	37.50%
浙江省	421	432	97.52%	89	20.60%
安徽省	224	238	95.97%	109	45.80%
福建省	137	138	95.83%	93	67.39%
江西省	189	187	97.40%	105	56.15%
山东省	655	718	92.76%	117	16.30%
河南省	362	375	93.28%	113	30.13%
湖北省	221	223	93.70%	96	43.05%
湖南省	170	179	94.71%	95	53.07%
广东省	360	368	95.58%	115	31.25%
广西壮族自治区	129	137	92.57%	64	46.72%
海南省	41	45	95.74%	22	48.89%
重庆市	117	119	88.81%	52	43.70%
四川省	361	375	89.93%	159	42.40%
贵州省	142	147	95.45%	70	47.62%
云南省	175	170	96.05%	55	32.35%

续表

省份	免费开放数量			中央免费开放补助 博物馆、纪念馆	
	2022年	2023年	2023年度免费开放率	数量	2023年度占比
西藏自治区	9	11	84.62%	13	118.18%
陕西省	264	269	79.82%	85	31.60%
甘肃省	223	233	93.95%	122	52.36%
青海省	36	39	90.70%	20	51.28%
宁夏回族自治区	59	61	93.85%	14	22.95%
新疆维吾尔自治区	113	121	88.97%	63	52.07%
新疆生产建设兵团	17	17	100.00%	7	41.18%

注：2023年度占比指2023年度中央免费开放补助博物馆、纪念馆数占该省份免费开放博物馆数的比例。

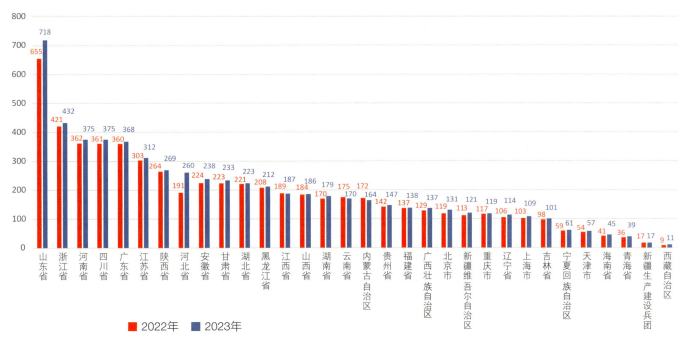

图7-2-1　2022—2023年全国博物馆免费开放分省情况（单位：家）

2022—2023 年，综合地志、历史文化、艺术、其他类博物馆免费开放数量占比较大，其中历史文化类博物馆 2023 年免费开放数量占比达 37.56%。各种题材类型博物馆免费开放数量均有所增长，考古遗址、其他类博物馆增幅超过 10%。

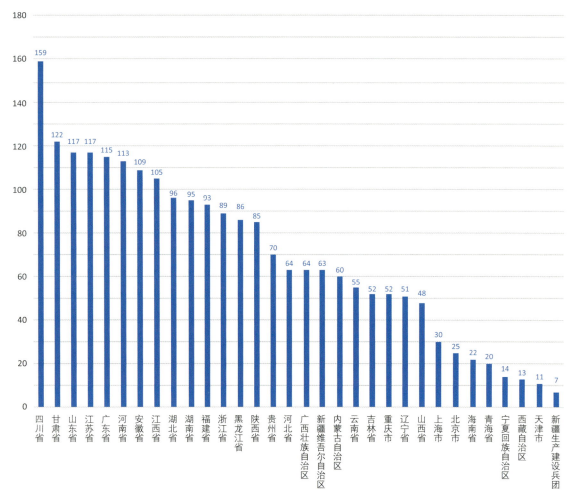

图7-2-2　2022—2023年纳入中央免费开放名单博物馆分省数量（单位：家）

表7-2-2　2022—2023年不同题材类型博物馆免费开放情况

（单位：家）

题材类型	2022年	2023年	2023年度免费开放率
综合地志	1008	1027	16.44%
历史文化	2257	2347	37.56%
革命纪念	1068	1098	17.57%
自然科技	236	239	3.83%
考古遗址	102	114	1.82%
艺术	634	655	10.48%
其他	658	768	12.29%

第三节　文创开发

2022 年全国博物馆文创产品销售收入为 13.24 亿元，2023 年全国博物馆文创产品销售收入为 20.94 亿元，增长 7.7 亿元，增幅 58.13%。2023 年文创产品销售收入全国排名前十的省份分别为江苏、北京、四川、上海、山东、甘肃、辽宁、湖北、陕西、广东，文创产品销售收入超过 5000 万元的省份有 14 个。2022—2023 年，除新疆生产建设兵团外，31 个省份的 94 家博物馆于 2016 年纳入博物馆、纪念馆文化创意产品开发试点，试点单位总数量排名前五的省份分别为北京、浙江、陕西、上海、广东。

表7-3-1　2022—2023年度全国博物馆文创产品销售收入分省（地区）情况

省份	销售收入（万元）		文化创意产品开发试点博物馆数量（家）
	2022年	2023年	
全国	132417.15	209385.67	94
北京市	22381.24	29777.72	27
天津市	293	1307.63	1
河北省	437	1557.93	1
山西省	728	3129.06	1
内蒙古自治区	819	1140.57	1
辽宁省	931.54	9091.61	3
吉林省	645	1069.66	2
黑龙江省	346	144.95	3
上海市	6997	23207.76	4
江苏省	7474.56	31028.87	2
浙江省	2183.39	5447.01	5
安徽省	362	943.37	1
福建省	534	579.02	2
江西省	2131.2	3659.06	3
山东省	13429.5	10835.84	3
河南省	2537.8	7231.29	1
湖北省	2339.84	8495.99	2
湖南省	2997	5700.41	3
广东省	3140.76	7276.67	4
广西壮族自治区	73.5	680.18	3
海南省	227	437.79	1

续表

省份	销售收入（万元）		文化创意产品开发试点博物馆数量（家）
	2022年	2023年	
重庆市	2444	4004.6	3
四川省	11798.94	23696.49	3
贵州省	850	1319.16	1
云南省	277.15	2361.21	1
西藏自治区	263	5514	1
陕西省	3191.96	7390.48	5
甘肃省	4119.17	10312.82	2
青海省	156	334	2
宁夏回族自治区	151	401.81	2
新疆维吾尔自治区	1157.61	1293.71	1
新疆生产建设兵团	0	15	—

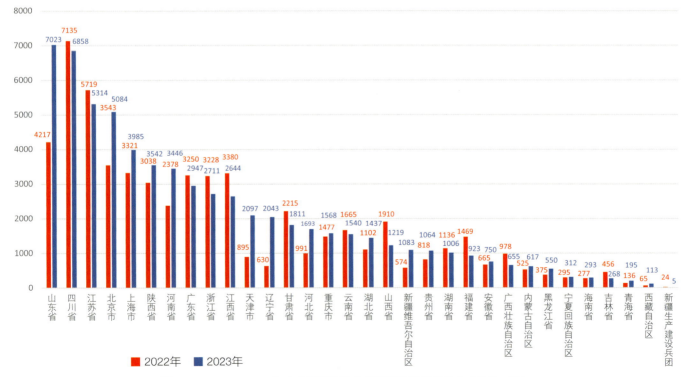

图7-3-1　2022—2023年度全国博物馆文创开发种类省份分布（单位：种）

附　录

第一节　重要文件

一、《文化和旅游部办公厅 教育部办公厅 国家文物局办公室关于利用文化和旅游资源、文物
　　资源 提升青少年精神素养的通知》（办公共发〔2022〕29号，2022年2月18日）

二、《文化和旅游部 国家文物局关于深入学习贯彻落实习近平总书记给中国国家博物馆老专
　　家回信精神的通知》（文物博发〔2022〕20号，2022年7月12日）

三、《国家文物局关于印发〈博物馆运行评估办法〉〈博物馆运行评估标准〉的通知》（文物
　　博发〔2022〕28号，2022年11月18日）

四、《国家文物局办公室关于加强博物馆暑期等节假日开放服务工作的通知》（办博函
　　〔2023〕656号，2023年7月14日）

五、《文化和旅游部办公厅 国家文物局办公室关于开展文化文物单位文化创意产品开发试点
　　成效评估的通知》（办资源发〔2023〕140号，2023年7月25日）

六、《国家文物局关于进一步提升博物馆讲解服务工作水平的指导意见》（文物博发
　　〔2023〕896号，2023年8月18日）

七、《中央宣传部 文化和旅游部 国家文物局等十三部门关于印发〈关于加强文物科技创新的
　　意见〉的通知》（文物科发〔2023〕32号，2023年10月16日）

第二节　重大会议、活动

2022 年 5 月 17 日—19 日	国家文物局、湖北省人民政府在武汉举办 2022 年国际博物馆日中国主会场活动。
2022 年 7 月 12 日	文化和旅游部、国家文物局在北京召开学习习近平总书记给中国国家博物馆老专家回信精神座谈会。
2022 年 7 月 22 日	全国文物工作会议在北京召开。
2022 年 8 月 31 日	中国博物馆协会成立四十周年座谈会在郑州召开。
2022 年 9 月 1 日—4 日	由国家文物局、河南省人民政府指导，中国博物馆协会、中国自然科学博物馆学会、郑州市人民政府共同主办的第九届中国博物馆及相关产品与技术博览会（博博会）在河南郑州成功举办。
2023 年 5 月 17 日—19 日	国家文物局、福建省人民政府在福州举办 2023 年国际博物馆日中国主会场活动。
2023 年 10 月 20 日	国家文物局在山东省青岛市召开全国中小博物馆提升工作座谈会。
2023 年 11 月 23 日—25 日	由国家文物局指导，中国博物馆协会、中国文物报社、广东省文化和旅游厅联合主办的首届中国博物馆学大会在广州召开。

第三节　部分博物馆建设

2022 年 2 月 5 日	中国工艺美术馆新馆正式向公众开放。
2022 年 4 月 28 日	陕西考古博物馆正式开馆。
2022 年 5 月 18 日	洛阳隋唐大运河文化博物馆正式对外开放。
2022 年 5 月 18 日	新疆维吾尔自治区博物馆二期改扩建项目竣工开馆。
2022 年 7 月 8 日	西藏博物馆新馆正式对外开放。
2022 年 7 月 23 日	中国国家版本馆举行落成典礼。
2022 年 7 月 26 日	郑州商都遗址博物院正式对外开放。
2022 年 8 月 11 日	内蒙古博物院完成改扩建项目并重新开馆。
2022 年 11 月 16 日	河南中国文字博物馆（二期）工程建成并正式对外开放。
2022 年 11 月 22 日	成都自然博物馆（成都理工大学博物馆）正式对外开放。
2022 年 11 月 28 日	广西壮族自治区博物馆新馆建成开馆。
2023 年 6 月 5 日	国家自然博物馆正式揭牌。
2023 年 7 月 28 日	四川广汉三星堆博物馆新馆正式对外开放。
2023 年 8 月 29 日	浙江省博物馆之江馆区正式向公众开放。
2023 年 9 月 7 日	甘肃简牍博物馆正式向公众开放。
2023 年 9 月 15 日	中国考古博物馆正式向公众开放。
2023 年 10 月 30 日	秦皇岛博物馆开馆试运行。
2023 年 11 月 4 日	河南舞阳县贾湖遗址博物馆正式对外开放。
2023 年 11 月 7 日	上海世界技能博物馆正式对外开放。
2023 年 11 月 30 日	广州艺术博物院新馆正式对外开放。
2023 年 12 月 1 日	河北自然资源实物地质资料博物馆正式对外开放。
2023 年 12 月 27 日	北京大运河博物馆正式向公众开放。
2023 年 12 月 29 日	陕西历史博物馆秦汉馆试运行。

第四节　部分展览

2022 年度

一、弘扬中华优秀传统文化、培育社会主义核心价值观主题展览重点推介项目

1. 故宫博物院　何以中国

2. 中国人民革命军事博物馆　在党的旗帜下前进——人民军队庆祝中国共产党成立 100 周年主题展览

3. 国家典籍博物馆　《共产党宣言》专题展

4. 清华大学艺术博物馆　栋梁　梁思成诞辰一百二十周年文献展

5. 大同市博物馆　北朝风韵

6. 鞍钢博物馆　一切为了新中国——解密鞍钢红色档案特展

7. 中国共产党第一次全国代表大会纪念馆　伟大精神铸就伟大时代——中国共产党伟大建党精神专题展

8. 上海中国航海博物馆　大汉海疆——南越航海文明展

9. 南京博物院　家·国——中国传统人文精神展示展演

10. 南湖革命纪念馆　红船起航——南湖革命纪念馆基本陈列

11. 绍兴鲁迅纪念馆　山河赤子心　岁月峥嵘行——鲁迅与共产党人专题展

12. 福建省革命历史纪念馆　红色福建——新时代　新福建

13. 景德镇中国陶瓷博物馆　丝路遗珍——中国古代外销瓷展

14. 南方红军三年游击战争纪念馆　南国烽烟举红旗——南方红军三年游击战争历史陈列

15. 湖北省博物馆　楚国八百年

16. 四川博物院　初心永恒——中国工农红军在四川标语特展

17. 四川广汉三星堆博物馆　三星堆文物保护与修复陈列

18. 西藏博物馆　雪域长歌——西藏历史与文化

19. 青海原子城纪念馆 "两弹一星"精神原子城纪念展览

20. 新疆生产建设兵团军垦博物馆 新疆生产建设兵团屯垦戍边历史展

二、全国博物馆十大陈列展览精品推介项目

（一）特别奖

1. 广西壮族自治区博物馆 广西壮族自治区博物馆新馆基本陈列

2. 西藏博物馆 西藏博物馆基本陈列——西藏历史与文化、民俗展

3. 新疆维吾尔自治区博物馆 新疆历史文物展

（二）精品奖

1. 中国人民革命军事博物馆 领航强军向复兴——新时代国防和军队建设成就展

2. 辽宁省博物馆 和合中国

3. 苏州博物馆 纯粹江南 技忆苏州——苏州博物馆西馆基本陈列

4. 南方红军三年游击战争纪念馆 南国烽烟举红旗——南方红军三年游击战争历史陈列展

5. 湖南博物院 王者归来——中国古代青铜器巡礼

6. 新疆生产建设兵团军垦博物馆 新疆生产建设兵团屯垦戍边历史展

7. 郑州商代都城遗址博物院 巍巍亳都 王都典范——郑州商代都城文明展

8. 陕西考古博物馆 考古圣地·华章陕西——陕西考古博物馆基本陈列

9. 东北沦陷史陈列馆 侵华日军第一〇〇部队细菌战罪证陈列

10. 杭州市临平博物馆 春风又绿——江南水乡文化展

（三）国际及港澳台合作奖

1. 陕西历史博物馆 兵马俑与古代中国——秦汉文明的遗产

2. 广东省博物馆 焦点——18至19世纪中西方视觉艺术的调适

（四）优胜奖

1. 宜宾市博物院 宜宾市博物院基本陈列

2. 中国文字博物馆　文以化人　字以载道——中国文字博物馆续建工程基本陈列

3. 中山市博物馆　风起伶仃洋——中山市博物馆基本陈列

4. 四川博物院、四川省诗书画院、眉山三苏祠博物馆　高山仰止　回望东坡——苏轼主题展

5. 上海博物馆、河南博物院　宅兹中国——河南夏商周三代文明展

6. 无锡博物院　来试人间第二泉——惠山茶会人文主题特展

7. 浙江省博物馆　丽人行——中国古代女性图像展

8. 江西省博物馆　寻·虎——小乌虎儿童主题展

9. 赣州市博物馆　奋进新时代 书写新荣光——赣南等原中央苏区振兴发展十周年成就展

10. 郑州博物馆　繁星盈天——中国百年百大考古发现展

11. 盘龙城遗址博物院　色如天相　器传千秋——中国古代绿松石文化展

12. 深圳博物馆、广东民间工艺博物馆　金木交辉——岭南金漆木雕、描金漆绘精品展

13. 黔西南布依族苗族自治州博物馆　夜郎的疑问——贵州汉代历史文物展

14. 青海省博物馆　青海历史文物展

（五）国际及港澳台合作入围奖

1. 南京博物院　众里寻她——南京博物院藏中国古代女性文物展

2. 敦煌研究院　敦煌——千载情缘的故事

3. 国家典籍博物馆　邂逅·美索不达米亚——叙利亚古代文物精品展

4. 成都博物馆　百年无极——意大利国家现当代美术馆藏艺术大师真迹展

2023 年度

一、弘扬中华优秀传统文化、培育社会主义核心价值观主题展览重点推介项目

1. 中国国家博物馆　新时代考古成果展

2. 国家典籍博物馆　二十世纪初中国古文献四大发现展

3. 文化和旅游部恭王府博物馆　廉洁文化教育主题展

4. 北京鲁迅博物馆　百年红楼历史文化展

5. 中国人民解放军海军博物馆　我爱这蓝色的海洋——海洋教育专题陈列

6. 中国妇女儿童博物馆　"传承·赓续·新征程"全国妇女爱国主义教育基地革命文物联展

7. 国家中医药博物馆、中国国家博物馆　智慧之光——中医药文化展

8. 首都博物馆　纪念北京建都 870 周年特展

9. 山西博物院　晋见中国——百件山西文物中的华夏文明

10. 内蒙古博物院　交融汇聚——公元八至十九世纪内蒙古历史文化陈列

11. 东北烈士纪念馆　永恒的誓言——赓续中国共产党人精神血脉专题展

12. 中国共产党第一次全国代表大会纪念馆　永恒的誓言——中国共产党入党宣誓文物史料专题展

13. 安徽博物院　山河安澜——淠史杭灌区主题展

14. 福建博物院　福航天下——海上丝绸之路的文化印记

15. 山东博物馆　家和——中华传统家文化主题展

16. 郑州博物馆　大河文明展

17. 湖北省博物馆　惟见长江天际流——考古中国·长江中游文明展

18. 眉山三苏祠博物馆　中国有三苏——眉山苏氏的家国情怀主题展

19. 西藏博物馆　雪域丰碑——西藏革命文物展

20. 陕西历史博物馆　玉韫·九州——中国早期文明间的碰撞与聚合

二、全国博物馆十大陈列展览精品推介项目

（一）特别奖

1.中国考古博物馆　历史中国　鼎铸文明——中国历史研究院文物文献精品展

2.四川广汉三星堆博物馆　三星堆：沉睡数千年　一醒惊天下——三星堆博物馆基本陈列

（二）精品奖

1.山西博物院　晋魂

2.陕西历史博物馆　天下同一——秦汉文明主题展

3.山东博物馆　海岱日新——山东历史文化展

4.浙江省博物馆　浙江一万年——浙江历史文化陈列

5.洛阳古墓博物馆　葬制大观——洛阳历代古墓集萃

6.韶山毛泽东同志纪念馆　中国出了个毛泽东

7.云南省博物馆　追寻香格里拉——青藏高原东麓的迁徙史诗与流动对话

8.安徽博物院　山河安澜——淠史杭灌区主题展

9.甘肃简牍博物馆　简述中国

10.鄂尔多斯市博物院　黄河从草原上流过——鄂尔多斯历史文化陈列

（三）国际及港澳台合作奖

1.敦煌研究院　丝路光华——敦煌石窟艺术特展

2.天津博物馆　河上花——中国花鸟画之道

3.故宫博物院　譬若香山——犍陀罗艺术展

4.上海博物馆　从波提切利到梵高——英国国家美术馆珍藏展

（四）优胜奖

1.陕西黄河文化博物馆　长河万古流——陕西黄河文化博物馆基本陈列

2.南越王博物院　从广州出发——"南海Ⅰ号"与海上丝绸之路

3. 大冶市铜绿山古铜矿遗址保护管理委员会　"青铜源　铜绿山"——铜绿山古铜矿遗址博物馆基本陈列

4. 安阳（曹操）高陵遗址博物馆　往事越千年——曹操高陵历史文化展

5. 清华大学艺术博物馆　禮运东方——山东古代文明精粹

6. 秦皇岛博物馆　海岳明珠——秦皇岛历史文化陈列展

7. 三峡工程博物馆　三峡工程博物馆基本陈列

8. 重庆中国三峡博物馆　制器为先——文物保护技术装备应用展

9. 哈尔滨市侵华日军第七三一部队罪证陈列馆　反人类暴行——侵华日军第七三一部队罪证陈列

10. 故宫博物院　茶·世界——茶文化特展

11. 宋庆龄故居管理中心　宋庆龄生平展

12. 首都博物馆　辉煌中轴——纪念北京建都 870 周年特展

13. 中国近现代新闻出版博物馆（上海韬奋纪念馆）　传承历史文脉　谱写当代华章——中国近现代新闻出版博物馆陈列

14. 江门市博物馆　根在侨乡——江门华侨华人历史陈列

15. 重庆红岩革命历史文化中心（重庆红岩革命历史博物馆）　歌乐忠魂——白公馆、渣滓洞革命先烈斗争事迹基本陈列

16. 成都博物馆　汉字中国——方正之间的中华文明

17. 青海省自然资源博物馆　青海省自然资源博物馆基本陈列

（五）国际及港澳台合作入围奖

1. 中国丝绸博物馆　丝路绮粲——中国丝绸艺术展

2. 陕西省文物交流中心、秦始皇帝陵博物院　中国秦汉文明的遗产

3. 辽宁省博物馆　从奥尔梅克到阿兹特克——墨西哥古代文明展

4. 广东省博物馆（广州鲁迅纪念馆）　绽放——维多利亚时代的艺术